HANS HEINZ

LEBEN AUS DER ZUKUNFT

Wende der Zeit –
Wandlung der Welt

SAATKORN-VERLAG · HAMBURG

Titelgestaltung: Rita Frind
Fotos: NASA, Washington, S. 33; Christian Von Horst/TSW, London, S. 45; S. Schapowalow, Hamburg, S. 97; dpa, Frankfurt/M., S. 109; Deutsche Bibelgesellschaft, Stuttgart, S. 161; Verlagsarchiv, S. 173; P. Sundquist, Sollentuna (Schweden), S. 225; The Image Bank, München, S. 237

Wenn nichts anderes angegeben ist, wurde die revidierte Luther-Übersetzung des Jahres 1984 benutzt.

Verlagsarchiv-Nr. 817 989
Gesamtherstellung: Grindeldruck GmbH, 2000 Hamburg 13

ISBN 3-8150-0667-8

Inhalt

Vorwort 7

Eine Zeit wie nie zuvor 8
Das letzte Stück Geschichte? (8) – Zwischen Hoffen und Bangen (10)

Der Mensch ist das Problem 14
Vergiftung durch Wissenschaft? (14) – Abschied vom Menschen? (17) – „Wer immer zu den Lebenden gehört, für den gibt es Hoffnung“ (21)

Auf der Suche nach dem neuen Menschen 24
Der „Pfeil der Evolution“ (Teilhard de Chardin) (24) – „Der Mensch ist etwas, das überwunden werden muß“ (Friedrich Nietzsche) (28) – „Von der Selbstentfremdung zur Selbstverwirklichung“ (Karl Marx) (31) – Lernt der Mensch jetzt wieder denken, dank dem Wassermann? (New Age – Neureligionen – Esoterik) (34)

Ohne Liebe ist alles vergeblich 43
Eros, Philia, Agape (43) – Traum oder Wirklichkeit? (48) – Agape ist Nachfolge (55)

Der großen Weltwende entgegen 63
Das Geheimnis des Reiches (63) – Der zukünftige Weltherrscher (70)

Wann wird das geschehen? 78
„Und es werden Zeichen geschehen . . .“ (78) – Weltzerstörung – Weltbewahrung (83)

Lebendige Hoffnung 101
Maranatha (101) – Der Sommer, der nie enden wird (107) – Christus ist Sieger (108) – Willkommen, neunzehntes Jahrhundert! (118)

Wandlung der Welt 123
Die Gerechtigkeit wird kein Ende haben (123) – Millennium – die große Gerichtszeit (127) – Das Land der Gerechtigkeit (133)

Aufbruch zur Zukunft 139
Umkehr und Übergabe (139) – Zuversicht und Wirklichkeitssinn (143) – Radikalität der Hoffnung (147)

Hoffnung und Wahrheit 151
Was ist Wahrheit? (151) – Das Wort der Wahrheit (155) – „Es steht geschrieben . . ." (164)

Aus Vertrauen leben 168
Allein durch den Glauben! (168) – Glaube und Gerechtigkeit (171) – Noch einmal geboren! (175) – Gelebter Glaube (178)

Das einzigartige Angebot 183
Die Schuhe der Liebe (182) – Das Grundgesetz der Menschlichkeit (190)

Wort und Antwort 208
Entscheidung zum Leben (208) – Mahl der Gemeinschaft – Mahl der Hoffnung (218)

Die Vorhut des Kommenden 228
Am Anfang war die Gemeinschaft (228) – Das neue Volk (233) – Gemeinde der Übrigen (243)

Fremdwörter erklärt 249

Quellennachweis 252

Sachverzeichnis 262

Vorwort

Die Menschheit schrieb den Februar 1971, und Edgar Mitchell, ein amerikanischer Astronaut, stand auf dem Mond. 380 000 Kilometer von ihm entfernt, hob sich das „Raumschiff Erde" mit seinen wunderbaren blauen Ozeanen und schneeweißen Wolkenmeer klar vom unheimlichen, dunklen und kalten Schwarz des Weltraums ab. Ein Gefühl der Bewunderung, aber auch der Bedrückung durchströmte den menschlichen Weltraumerobererer: Dort im Raum schwebte die einzige Heimat der Menschheit, und die Menschheit hatte bis dahin aus ihr nichts anderes gemacht als ein großes Pulverfaß, das jeden Augenblick in die Luft fliegen konnte. Auf dem entzückenden „Blauen Planeten" tobten Kriege, gierten Menschen nach Macht und Reichtum, heuchelten sich Männer und Frauen Treue vor und verrieten sich doch wieder, gelobten Nationen Frieden und rüsteten zur Vernichtung.

Man muß freilich nicht auf den Mond fliegen, um das Damoklesschwert der Apokalypse im Nacken zu spüren. Es genügt, bewußter Zeitgenosse zu sein, um die „Großgefahren" unserer Epoche zu begreifen und zu fürchten. Das vorliegende Buch will den Finger auf diese Wunden legen, aber zugleich auch Mut zur Umkehr, zum Umdenken und Anderswerden machen. Der Verfasser glaubt nicht an die „heile Welt" aus Programmen und Zwängen, aber an die Möglichkeit veränderter Menschen, die sich für diese Welt einsetzen, indem sie die letzte Hoffnung für diese Welt aufzeigen. „Leben aus der Zukunft" heißt, daß diese Hoffnung jetzt schon unsere Existenz prägen kann durch Umkehr (Metánoia) und Wandlung (Agápe), daß sie aber auch über unsere jetzige Existenz hinauszutragen vermag zu einem letzten und guten Ziel (Télos). H. H.

Eine Zeit wie nie zuvor

Das letzte Stück Geschichte?

16. Juli 1945: In der Wüste von New Mexico explodiert unter größter Geheimhaltung die erste Atombombe. Der Welt wird diese Entdeckung Wochen später bekannt, als unter den verniedlichenden Tarnbezeichnungen „Little Boy“ und „Fat Man“ tausendfacher Tod die japanischen Städte Hiroshima und Nagasaki verwüstet.

20. Juli 1969: Der erste Mensch setzt seinen Fuß ins sogenannte „Meer der Ruhe“ auf den Mond. Millionen von Fernsehzuschauern hören *Neil Armstrongs* Worte: „Dies ist nur ein kleiner Schritt für einen Menschen, aber ein gewaltiger Sprung vorwärts für die Menschheit.“

Zwei Ereignisse unserer Zeit, die die Welt verändert haben! Seit jenen Julitagen 1945 und 1969 wird menschliches Leben nie mehr das sein, was es jahrtausendelang war: bedrohtes, aber in seiner Fortdauer letztlich doch gesichertes Leben. Zum ersten Mal ist es dem Menschen in die Hand gegeben, Weltkriege in Weltraumkriege zu steigern und sich und seinen Lebensraum total zu zerstören. „In der gesamten Erd- und Menschheitsgeschichte gab es noch nie eine Zeit, wie sie sich in den letzten Jahren erfüllte ... Die Geschichte zeigt keine Parallele, an der man sich orientieren könnte. Noch nie waren die technischen Machtmöglichkeiten auch nur entfernt den derzeitigen vergleichbar.“ *(B. Philberth)*[1]

Auf den ersten Blick scheinen die Triumphe der Wissenschaft die uralte Hoffnung der Menschheit zu erfüllen. Hatten nicht schon die hebräischen Propheten von einer Zeit gesprochen, da die Völker Schwerter in Pflugscharen verwandeln werden, alle Hügel fruchtbar sein sollen und ein neuer Himmel und eine neue Erde den Raum für ein ewiges Friedensreich bieten werden?

Nun scheint dies alles durch den technischen Fortschritt des Menschen in den Bereich des Möglichen gerückt: Mit der Atomkraft könnten die Energie-, Ernährungs- und Gesundheitsprobleme der

Menschheit gelöst werden. Das atomare „Gleichgewicht des Schreckens“ würde die dafür nötige Friedenszeit gewährleisten. Mit Hilfe der Atomkraft könnte der Mensch den Weltraum erobern und Herr über Raum und Zeit werden. Die Raumfahrt wiederum könnte durch den Auszug in das Universum die Bevölkerungsexplosion auf der Erde steuern. Dadurch wären für Aggression und Pionierinstinkt neue Ventile gefunden. Interplanetarische Reisen wären eine friedliche Form des alten Dranges nach Eroberung. „Durch den Erwerb dieses neuen Gefühls schrankenloser Grenzen könnte sich die Welt aus dem antiquierten Zyklus von Krieg und Frieden befreien.“ *(A. C. Clarke)*[2]

Auf den zweiten Blick tritt uns aber eher der majestätische B-29-Bomber vor Augen, der in jenen Augusttagen 1945 Vernichtung und Tod aus dem friedlichen Himmel herab auf die Erde warf. Die Sehnsucht nach Glück, Fortschritt und Zukunft im Weltall hat bis jetzt nichts anderes als den „Aufmarsch im Weltall“ erbracht, Auftakt zum „Krieg der Sterne“, denn „die Kriege der Zukunft werden im Weltraum entschieden“ *(G. Paul)*.

Ein solcher Krieg würde nicht Hunderttausende oder Millionen von Opfern kosten, so wie die Kriege des 19. und 20. Jahrhunderts, sondern beim „atomaren Holocaust“ stünde das „Schicksal der Erde“ *(J. Schell)* auf dem Spiel. Schon unmittelbar nach dem zweiten Weltkrieg schrieb *Karl Jaspers:* „Vom totalen Untergang sprachen die alten Propheten. Der ‚Tag Jahwes‘ wird kommen, an dem alles vernichtet wird. Vom Weltende sprachen die ersten Christen als unmittelbar bevorstehend. Heute ist das Denken in solchen Perspektiven wieder unumgänglich, aber nur durch die Realität unserer technischen Situation. Sie wird der Angelpunkt unseres Lebens werden, außer bei denen, die gedankenlos von Tag zu Tag leben.“[3] Seither, meinen manche, ist uns nur noch eine „Gnadenfrist“ *(C. F. v. Weizsäcker)* gegeben, denn wir leben jetzt „das letzte Stück Geschichte“ *(G. Anders)*. Die Science Fiction von gestern ist heute Realität, die Visionen der apokalyptischen Propheten von vorgestern sind heute mögliches Schicksal der Menschheit. KPdSU-Generalsekretär *Michail Gorbatschow* sprach es ungeschminkt aus: „Die Menschheit ist fast an der Grenze angelangt, nach deren Überschreitung es kein Zurück mehr gibt. Sie steht zwischen Sein und Nichtsein.“[4]

Zwischen Hoffen und Bangen

Doch Nuklearenergie und Weltraumforschung sind nur ein Teil der über uns ausgeschütteten „Büchse der Pandora". An den Problemen Welternährung, Umweltschutz, Automation und Gentechnologie zeigt sich nicht minder die Doppelwertigkeit unserer Zeit. Sowohl Christen als auch Marxisten haben sich in den Jahren des wirtschaftlichen Aufschwungs nach dem zweiten Weltkrieg an den möglichen Zukunftsperspektiven der Welt von morgen geradezu berauscht. In einem Dokument des Weltkirchenrates aus den sechziger Jahren heißt es: „Wir leben in einer neuen Welt voll erregender Möglichkeiten. Zum erstenmal in der Geschichte bekommen wir die Einheit der Menschheit als eine Realität in den Blick. Zum erstenmal wissen wir, daß alle Menschen an der richtigen Nutzung der Güter teilhaben könnten. Die neuen technologischen Möglichkeiten lassen Träume Wirklichkeit werden."[5]

Einige Jahre zuvor schrieb der sowjetische Nobelpreisträger *Nikolai Semjonow:* „Wir erleben heute eine Beschleunigung des wissenschaftlichen Fortschritts wie nie zuvor. Die Macht des Menschen über die Natur hat eine Stufe erreicht, wie noch niemals seit den Anfängen der Geschichte. Und in dem Maße, wie die Gelehrten der Natur ihre Geheimnisse entlocken, erschließen sie dem Fortschritt auf dem Gebiet der Technik, der Industrie, der Landwirtschaft und der Medizin immer neue Wege. Der rasche Fortschritt der Wissenschaft und der Technik gibt uns zum erstenmal in der Geschichte die Möglichkeit in die Hand, die materiellen und geistigen Bedürfnisse eines jeden Bewohners unserer Erde zu befriedigen."[6]

Die Futurologen aus allen Lagern prophezeiten den Sieg über den Welthunger durch Nutzbarmachung der Wüsten, Erschließung der Meere und Herstellung billiger synthetischer Nahrungsproteine. Beeinflussung des Wetters, technische Umgestaltung von Großräumen und umweltschonende Energieformen sollen die Qualität unseres Lebensraumes verbessern. Elektronengehirne, die unbegrenzt Informationen speichern können, und leise schnurrende Roboter, die den Menschen vom Lärm der Fabrikhallen zu mehr Muße, Ruhe und Freizeit befreien sollen, werden ein unfehlbares Gedächtnis, unbestechliche Logik und eine vom Menschen nie erreichbare Präzision garantieren. Die genetischen Wissenschaften endlich sollen die durch erbliche Veranlagung in uns existierenden Fehler korrigieren. Durch Drogen könnte die Intelligenz gesteigert werden. Die Zucht intelligenter Tiere zur Verrichtung niederer Arbeiten würde uns aus einer jahrtausendealten Fron entlassen, und Erziehung und Bildung könnten durch Direktübertragung in das Gehirn gefördert werden.

Von dieser „schönen neuen Welt“ *(Aldous Huxley)* haben wir aber bis jetzt vorwiegend die Schattenseiten kennengelernt. Der Zivilisationsprozeß hat heute sogenannte „Großgefahren“ ins Blickfeld gerückt, die noch vor wenigen Jahrzehnten ins Reich der „Science fiction“ verwiesen wurden. Der ungehemmte technische Fortschritt erweist sich in vielen Bereichen als Bumerang, weil er die nur begrenzt vorhandenen Rohstoffquellen vorzeitig verbraucht und unsere Umwelt zerstört. Wenn die Industrieländer auf dem Standard der zweiten Hälfte des 20. Jahrhunderts weiterleben und die Entwicklungsländer mit den gleichen Energiemengen versorgen wollten, dann wären die Weltvorräte an fossiler Kohle spätestens in hundert Jahren aufgebraucht.[7] Für die Erdölressourcen klingen die Prognosen noch pessimistischer.[8] Die vorgeschlagene Alternativlösung durch Kernenergie aber ist das große Fragezeichen unserer Zeit. Erstens, weil auch die Uranvorkommen nicht unbegrenzt sind, und zweitens, weil wir nicht sicher sein können, ob wir nicht durch die friedliche Nutzung der Kernenergie Unfälle und Katastrophen wie die von Harrisburg und Tschernobyl heraufbeschwören, die den Folgen eines Atomkrieges nahekommen können. Allein schon durch die Lagerung von Atommüll in Meer und Erde kann ein Vergiftungsprozeß in Gang gesetzt werden, der nicht mehr rückgängig zu machen ist. Einen solchen möglichen Schaden für kommende Generationen nur in Betracht zu ziehen hat Admiral *Rickover,* der Erfinder des ersten Atom-U-Bootes, kurz vor seinem Tod als „Perversion des Denkens“ bezeichnet.

Inzwischen führen Bevölkerungsexplosion, verfehlte Entwicklungspolitik, Dürrekatastrophen und Raubbau zu immer größeren Hungerkatastrophen in der dritten und vierten Welt. Schon ist ein Achtel der Menschheit vom Hungertod bedroht.[9] Ein Drittel wird so „gut“ ernährt wie einst die Insassen des Konzentrationslagers Auschwitz.[10] Wenn sich die Erdbevölkerung – wie man hofft – in Zukunft auf einem Stand von 12–14 Milliarden Menschen stabilisieren läßt, bedeutet dies vom Standpunkt der Agronomie aus eine Katastrophe, denn die Steigerung der Nahrungsmittelproduktion in einem dem Bevölkerungswachstum entsprechenden Ausmaß erscheint ohne gleichzeitige Zerstörung der Umwelt undenkbar. „Damit aber" – so der französische Entwicklungsagronom *Dumont* – „setzen wir die Zukunft der Menschheit aufs Spiel."[11]

Um der immer größeren Not zu steuern, müßten die Industrienationen das Konsumdenken aufgeben und den unverantwortlichen Rüstungswettlauf einstellen. „Weltpolitik" müßte zu „Umweltpolitik" werden. Davon aber ist die Menschheit weiter denn je entfernt. „Die Industrienationen und ihre Einwohner führen sich auf wie Geisteskranke."[12] Der schwedische Futurologe *G. Ehrensvärd* sieht um die Mitte des 21. Jahrhunderts den „großen Hunger" sogar auf die ganze Menschheit zukommen.[13]

Das Bild wird aber noch düsterer, wenn man an die Wasser-, Luft- und Erdverseuchung unseres Planeten denkt: Saure Seen in Skandinavien, biologisch tote oder ausgetrocknete Gewässer in den USA und der Sowjetunion. Ost- und Nordsee sind in Gefahr, ebenso das Mittelmeer. Rhein, Elbe, Po und Mississippi sind verschmutzt, der Jangtsekiang eine Kloake. Der Wald stirbt immer schneller, „ganz Europa droht eine Katastrophe". Durch die Abgabe von Schadstoffen und die dadurch verursachten Veränderungen des Weltklimas unternimmt die Menschheit in der unmittelbaren Zukunft „ein gewaltiges Experiment, dessen Auswirkungen letztendlich nur einem Atomkrieg vergleichbar sind".[14]

Unterdessen schlägt das zuerst so enthusiastisch begrüßte „Zeitalter der Kybernetik" voll auf die Industriegesellschaft zurück. Der Elektronenrechner, der in kürzester Zeit die Lohnabrechnung für 40 000 Arbeiter und Angestellte erledigt, zerstört gleichzeitig die Arbeitsplätze von 200 Buchhaltern. Was 250 Arbeiter in der Vergangenheit an einem Achtstundentag am Fließband geleistet haben, kann jetzt von nur 16 Robotern um das Fünffache übertroffen werden. Nur vier Aufseher werden zur Wartung benötigt. Die Maschine ersetzt den Menschen! Die Arbeitslosigkeit, die in der Vergangenheit eines der großen sozialen und gesellschaftlichen Probleme der Entwicklungsländer war, beginnt nun auch die hochindustrialisierte westliche Welt heimzusuchen. Das Computerzeitalter, die zweite technische Revolution, stellt die Menschheit vor ganz neue soziale und psychische Probleme!

Und während die Regierungen und Parteien der ersten und zweiten Welt versuchen, diese Probleme in den Griff zu bekommen, droht uns der Fortschritt von anderer Seite her zu überrollen. Die Einsicht der modernen Biologie in den Aufbau der Struktur des Lebendigen ermöglicht der Medizin die direkte Manipulation des menschlichen Gen- und Keimmaterials. Durch Gentechnologie könnte ein ganz neuer Mensch herangezüchtet werden. Vielleicht ein weniger aggressiver und zugleich bedürfnisloserer, welcher der Bedrohung durch den Atom- und Umwelttod besser gewachsen wäre. Aber auch hier ist Vorsicht am Platz. Welchen Menschen könnten wir auf diese Weise erhalten? Einen, der das verloren hat, was doch eigentlich den Menschen erst zum Menschen macht: Freiheit! „Was bei diesen Anwendungsmöglichkeiten der Gentechnologie in Gefahr gerät, sind Menschenwürde und Persönlichkeitsrechte... Das Dilemma der Physiker und Chemiker, durch ihre Arbeit an theoretischen Fragen der Naturwissenschaften zugleich technische Entwicklungen ausgelöst zu haben, die zur Atombombe oder zur Zerstörung der natürlichen Umwelt führten, könnte sich in den Biowissenschaften wiederholen."[15]

Die Hybris des Menschen ist ungestillt, aber die Probleme und die Zeit stehen gegen ihn. Vieles von dem, was der Mensch in Angriff genommen hat, scheint heute zum unlösbaren Problem geworden zu sein oder scheitert an der Eskalation der Phänomene. Verständlich, daß sich viele heute die bangen Fragen stellen: Werden uns die seit der Mitte des 20. Jahrhunderts entfesselten Kräfte der Weltzerstörung in den atomaren Holocaust stürzen? Wird unser ganzes Ökosystem in einem gewaltigen Umweltkollaps zusammenbrechen? Wird das Raumschiff Erde zu klein für uns werden? Waren die Jahrzehnte von 1950–1970 schon „das goldene Zeitalter der Menschheit"[16] und „gehört die Industriegesellschaft des Jahres 2000 bereits der Vergangenheit an",[17] weil die „Steinzeit" wiederkommt und der „große Hunger" ausbrechen wird? Oder wird der Mensch doch noch alle Gefahren meistern und das „Land der Gerechten" *(Maxim Gorki)* schaffen, „das Etwas in der Welt, das allen in die Kindheit scheint und worin noch niemand war: Heimat" *(Ernst Bloch)*? Bedrückende Fragen und keine Antworten! Niemand scheint zu wissen, wohin die Reise geht. Manche tragen daran so schwer, daß sie in Resignation zu versinken drohen. No future! Wirklich keine Zukunft für uns?

Der Mensch ist das Problem

Vergiftung durch Wissenschaft?

Wie die Maschinenstürmer in der Zeit, als der mechanische Webstuhl und die Dampfmaschine erfunden wurden, häufig den technischen Fortschritt für das soziale Elend im Frühkapitalismus verantwortlich gemacht haben, so gibt es heute, im Zeitalter der Computer und Mikrochips, Stimmen, die der Wissenschaft in Bausch und Bogen die Schuld für den „Horrortrip“ zuweisen, auf dem sich die ganze Menschheit befindet. *Robert Oppenheimer,* einer der Väter der Atombombe, scheute sich nicht einzugestehen: „Wir haben die Geschäfte des Teufels betrieben.“ Der US-General *Leslie Groves,* Pfarrerssohn und militärischer Chef der Atombombenerfinder, nannte das ganze Unternehmen schon zwei Tage nach der ersten Explosion „gotteslästerlich“, weil sich der Mensch, „dies winzige Wesen“, anmaße, „mit Kräften zu spielen, die bisher dem Allmächtigen vorbehalten waren“.[1] *Joseph Weizenbaum,* einer der führenden Informatiker der Gegenwart, spricht sogar von „Vergiftung durch Wissenschaft“.[2] Die Menschheit, unausweichlich Robotern und Computern verfallen, gleicht den Passagieren der „Titanic“. Sie ist mit „Kurs auf den Eisberg“ unterwegs. Die Technik, so meint *Weizenbaum,* wird ihr den Tod bringen.

Einst freilich haben sich die Menschen Wunderdinge von Wissenschaft und Technik erhofft. Der Materialist *Karl Marx* hat von der „Maschinerie“, wie Technik und Technologie von ihm genannt wurden, die produktive Selbstverwirklichung des Menschen durch Bearbeitung der Natur erwartet. Der Physiker und Philosoph *Friedrich Dessauer* sah in den technischen Werken des Menschen eine Fortsetzung des göttlichen Schaffens mit anderen Mitteln, eine Art „Weiterschöpfung“ des göttlichen Urschaffens und damit eine „Begegnung mit Gott“. Unorthodoxe Marxisten wie *Adam Schaff* erwarten sogar den Umschlag vom Kapitalismus zum Kommunismus nicht durch eine große soziale Revolution, sondern durch die künftige Informatik-Gesellschaft. Die Computer-Revolution wird zu einem solchen Wohlstand der Menschheit führen, daß sich schon beim Ausmalen „die Grenzen zwischen der nüchternen wissenschaftlichen Analyse und Science-Fiction verwischen“.[3]

Die so denken, scheinen freilich immer weniger zu werden. Mit Ernüchterung und Mißtrauen begegnet der Mensch des Atomzeitalters dem technischen Fortschritt. „Der Glorienschein der technischen ‚Segnungen‘ und ‚Erleichterungen‘ beginnt zu verblassen. Die Fortschrittsgläubigkeit sinkt, und eine – nicht unproblematische – Technikfeindlichkeit macht sich breit, die sich an den Auswüchsen orientiert, aber damit mehr und mehr jegliche Technik in Bausch und Bogen zu verdammen droht... Die einstige Bewunderung schlägt mehr und mehr in Enttäuschung um. Sie gilt einer Technik mit riesigen Monostrukturen und zentralen Verwaltungseinrichtungen. Sie gilt einer Wegwerftechnik und ihrer Abhängigkeit vom wachsenden Produktionsausstoß. Sie gilt der fehlenden Überschaubarkeit, ihrem enormen Input an Energie, Sicherheit und Kapital und ihrem viel zu hohen Output an Umweltbelastung, sozialer Unverträglichkeit und Stress, Auswüchse, wie wir sie bei Technologien der Natur – mit gutem Grund – nicht vorfinden.“ *(Frederic Vester)*[4]

Immer mehr werden sich die Menschen bewußt, daß von Wissenschaft und Technik keine Lösung ihrer Probleme, geschweige denn Erlösung von ihren Übeln zu erwarten ist. Da sich die Träume von einer besseren Zukunft nicht erfüllen wollen, herrscht bei vielen Frustration. Wohl können die Computer schneller rechnen, aber zu trösten und zu helfen vermögen sie nicht. Viel Verstand scheint in der Wissenschaft am Werk zu sein, aber wenig Vernunft. Durch die Armut der Herzen wird der Reichtum an Wissen immer gefährlicher. Wissenschaft und Technik haben die Menschen immer mehr voneinander abhängig gemacht, aber sie verstehen sich untereinander immer weniger. Der ungehemmte Fortschritt hat die Menschen untereinander, sich selbst und der Natur entfremdet.

Man beginnt sich wieder zu erinnern, daß das griechische Wort „téchnē“ nicht nur Kunstwerk, sondern auch den listigen Anschlag, die Kriegsfalle bedeutet und daß Denker wie *Jean Jacques Rousseau* schon im 18. Jahrhundert den ganzen Sündenfall unserer Welt in der Entwicklung der Zivilisation und des Fortschritts gesehen und von daher ein kategorisches „Zurück zur Natur“ gefordert haben. Wer

Wissenschaft und Technik nicht in Bausch und Bogen verketzern will, fordert die „alternative", die „andere Wissenschaft" *(G. Altner)*, die „Versöhnung des Menschen mit der Natur" *(Lévi-Strauss)*, denn die auf der Erde existierenden Lebewesen bilden eine Lebens- und Schicksalsgemeinschaft, die von den Exzessen der „etablierten" Wissenschaft bedroht ist. Sowohl chemische als auch biologische Belastung – d. h. fortschreitende Umweltvergiftung und möglicher Atomtod – haben eine in der Geschichte der Menschheit so „noch nie aufgetretene Situation" *(H. Zeier)*[5] geschaffen.

Man kann den Fortschrittspessimisten nachfühlen, daß sie das Wissen um die drohende Katastrophe zur Wissenschaftsfeindlichkeit verleitet, denn vordergründig sind es die Errungenschaften der Physik, Chemie und Technik, die sich gegen uns richten. Aber es wäre eine „terrible simplification" (schreckliche Vereinfachung) zu glauben, der Stopp und das Einfrieren der wissenschaftlichen Forschung könnte alles wieder der menschlichen Steuerung unterwerfen. Nicht nur, weil der Fortschritt der Wissenschaft auch sehr viel Gutes erbracht hat und man gar nicht weiß, wie er angehalten werden kann, sondern auch deshalb, weil das Problem gar nicht bei der Wissenschaft liegt.

Es liegt bei dem, der sie betreibt. Der Mensch ist das Problem. „Auf die Füße kommt unsere Welt erst wieder", so lautet das Vermächtnis von *Albert Schweitzer*, „wenn sie sich beibringen läßt, daß das Heil nicht in neuen Maßnahmen, sondern in neuen Gesinnungen besteht."[6]

Auch der Ruf nach der „anderen Wissenschaft" ist doch letztlich ein Ruf nach dem „anderen Menschen", der sie einführen und betreiben soll. „Wir brauchen ein wesentlich neues Denken" – so sagte *Albert Einstein* schon vor Jahrzehnten –, „wenn die Menschheit am Leben bleiben soll."[7] In seinem Sinne reden heute viele Wissenschaftler und Publizisten wie Theologen. Gefordert sind „Umdenken, Richtungsänderungen, Ethik des Verzichts" *(H. Zeier)*. An die Stelle des „Homo oeconomicus" muß der „Homo significans" treten, der Mensch, der nicht auf die Ausbeutung des Lebens, sondern auf seine richtige Ausdeutung bedacht ist *(G. Schiwy)*, bzw. der „Homo humanus" *(Franz Alt)*, der menschliche Mensch. Um den „Todsünden der zivilisierten Menschheit" *(Konrad Lorenz)* zu entgehen, muß eine „Weltuntergangsbewegung" *(Julian*

Huxley) gegründet werden. Ein „gemeinsamer Glaube" *(René Dubos)* tut not, und die „Notwendigkeit des Überlebens erzwingt die Transformation des Menschen" *(Robert Jungk)*. Was Jesus seinen Zeitgenossen zugerufen hat („Metanoeîte": Kehrt um! Markus 1, 15), wird jetzt von Kirchenkritikern wie *Carl Amery* gefordert. „Der Verlust der Bindung an das Göttliche" *(Mesarovic/Pestel)* wird als mitverantwortlich für das Dilemma des modernen Menschen genannt. Der Glaube an den durch Wissenschaft allmächtigen Menschen ist erschüttert, „die Menschheit wird ihre Zukunft nur durch einen moralischen und geistigen Durchbruch erobern können" *(Georg Picht)*.[8] Der atheistische Philosoph *Martin Heidegger* sagte darum kurz vor seinem Tod: „Nur ein Gott kann uns retten."[9]

Abschied vom Menschen?

Bricht sich dieses neue Bewußtsein Bahn in unserer Zeit? Zweifellos haben das Wissen und Erschrecken über die grauenhaften Vernichtungspotentiale, die Verschmutzung der elementaren Lebensgrundlagen Wasser, Boden, Luft und das Auseinanderdriften von satter nördlicher und hungernder südlicher Hemisphäre die Menschheit mehr denn je für das über ihr hängende Damoklesschwert empfindlich gemacht. „Wenn es jemanden gäbe, der die von Atomwaffen bedrohte Erde beobachten könnte", so äußerte sich der ehemalige sowjetische Außenminister *Andrej Gromyko* zu seinem westdeutschen Kollegen, „würde er erstaunt sein, wie die Menschen ihren Untergang vorbereiten."

„Ich als Christ", widersprach *Hans-Dietrich Genscher*, „sehe das anders: Da gibt es tatsächlich jemanden, der uns beobachtet und dem wir verantwortlich sind."[10]

Beruhigend, so könnte man denken, daß sich die Staatsmänner Sorgen um den Bestand der Erde und um ihre Verantwortung vor Gott machen. Der gute Wille scheint vorhanden zu sein, ebenso das Wissen um die notwendigen Maßnahmen zur Abwendung der Katastrophe, zum Beispiel auf politischem Gebiet: Die Errichtung einer neuen Organisation der gesamten Staatenwelt, vielleicht einer Weltregierung, wie sie *Albert Einstein* gefordert hat, mit deren Hilfe die Nationen zu Entscheidungen gelangen können, die sie in der Vergangenheit durch Kriege herbeigeführt haben. Weiter: Abbau und Abschaffung aller Waffensysteme, um Kriege zukünftig technisch unmöglich zu machen.

Auf wirtschaftlichem Gebiet: Verzicht auf ständig zunehmendes Wirtschaftswachstum und Konsumdenken, Wiederherstellung von Kleingesellschaften mit überschaubaren Machtstrukturen, Einführung von menschen- und naturgerechten Technologien, Wiederverwendung und Wiedergewinnung statt Verschleiß und Zerstörung! Verzicht auf anspruchsvolle soziale Veränderungen in der nördlichen Hemisphäre und Neuordnung der Weltwirtschaft unter Einschluß einer Neuverteilung des Reichtums der Welt zugunsten der südlichen Hemisphäre. Mit anderen Worten: Endlich muß das verwirklicht werden, was in der Präambel der Charta der Vereinten Nationen gefordert wird: die Bewahrung kommender Geschlechter vor der Geißel des Krieges, die Achtung der Grundrechte des Menschen, die Respektierung internationaler Verpflichtungen, die Förderung eines gerechten sozialen Fortschritts und die Schaffung besserer Lebensbedingungen.

Zu befürchten ist allerdings, daß die Voraussetzungen, von denen dabei ausgegangen wird, falsch sind. Pläne und Maßnahmen werden grundlegend nichts verändern, wenn nicht vorher der Mensch verändert wird. Der „sacro egoismo“, der Individuen und Nationen antreibt, kann weder durch scharfsinnige Analysen und Ideen der Realisten und Idealisten noch durch die Gesellschaftsverändung der Materialisten aus dem menschlichen Herzen ausgefegt werden. „Der neue Mensch kann nur von innen kommen.“ *(Franz Alt)* „Man sieht nur mit dem Herzen gut“ *(Antoine de Saint-Exupéry)*.

So sind wir eben immer noch Gefangene des sokratischen Irrtums, der das Wissen um das Gute schon mit seiner Verwirklichung identifiziert. Denn während Politiker, Philosophen, Wirtschaftskapitäne und Zukunftsforscher ein Programm nach dem anderen entwerfen und eine Konferenz nach der anderen abhalten, geht der Skandal der Überrüstung, der Naturausbeutung und des Massenhungers weiter. Auf der einen Seite wird zwar abgerüstet, auf der anderen Seite aber „modernisiert“. An zwei Tagen, so wird angenommen, geben die Regierungen der Welt so viel für Rüstung aus, wie den Vereinten Nationen (UN) in 365 Tagen zum Kampf gegen Hunger und Krankheit zur Verfügung steht.

Pro Kopf gibt es mehr Sprengstoff als Nahrungsmittel.[11] Mit 55 000 atomaren Sprengköpfen[12] kann der Mensch nun mit der „wunderbarsten Waffe der Welt“ *(B. Baruch)* sich selbst und der Welt ein millionenfaches Hiroshima bereiten. Während Tag für Tag allein 40 000 Kinder an Hunger sterben[13] – das bedeutet die unfaßbare Zahl von 15 Millionen im Jahr – und zwei von drei Menschen an Unterernährung, Krankheit und Bildungsarmut leiden, gaben die USA allein für die erste Phase des SDI-Programms (die Entwicklung von Weltraumwaffen) 69 Milliarden Dollar aus.[14] Damit sollte die „ultimate weapon“, die „endgültige Waffe“ geschaffen werden, die nach Meinung der einen den Atomkrieg unmöglich, ihn aber nach Meinung von anderen um so wahrscheinlicher machen könnte.

Lohnt es sich, im Angesicht dieses Wahnsinns überhaupt noch etwas vom Menschen zu erwarten? Hören wir nicht schon die „Lärmtrompeten des Nichts“ *(Kafka)*, „stinkt nicht schon das ganze Universum nach Kadaver“ *(Beckett)*? Und ist dieser Abschied und dieser Untergang nicht einfach verdient, weil das „Gehirntier Mensch“ *(Spengler)* zugleich auch das „Untier Mensch“ *(Horstmann)* ist? An der Intelligenz, am Ideenreichtum, an der Aktivität fehlt es ja nicht. Es fehlt dem Menschen an der „Agape“, der sieghaften Güte, der über sich selbst hinauswachsenden Liebe, die den anderen, auch den Feind, gelten läßt und sich im Dienst am anderen selbst vergißt, der „quellenden Liebe“ *(Luther)*, die sich erbarmt, die erhält und bewahrt.

„Agape“ ist das Gegenteil von „Eros“, der Liebe, die auf Gegenseitigkeit beruht, die den Schwächeren benutzt und häufig auch ausnutzt und zugrunde richtet. „Wenn einer ... die Liebe (Agape) nicht hat, ist alles umsonst. Wer liebt, hat Geduld. Er ist gütig und ereifert sich nicht; er prahlt nicht und spielt sich nicht auf. Wer liebt, ist nicht taktlos, selbstsüchtig und reizbar. Er trägt keinem etwas nach. Er freut sich nicht, wenn der andere Fehler macht, sondern wenn er das Rechte tut. Wer liebt, gibt niemals jemanden auf.“ (1. Korinther 3–7, Die Gute Nachricht, NT)

Weil aber davon so herzlich wenig in der Welt nach dem „zweiten Vorbereitungskrieg“ und vor dem „Endspiel“ zu finden ist, plädieren zum Beispiel Denker wie *U. Horstmann* für den Abschied vom Menschen. „Das Verschwinden des Untiers Mensch von diesem Planeten kann niemand und nichts auf Dauer verhindern: kein Gott, keine Abschreckung, keine Vorsehung und keine Philosophie."[15] Der Mensch hat wohl Geschichte, aber keine Zukunft, wir waren, werden aber bald nicht mehr sein.

Mit *Günter Anders* gilt es, die Evolution der Dekadenz zu erkennen, daß nämlich der Mensch des Nuklearzeitalters sich vom „genus mortalium", vom Geschlecht der Sterblichen, zu einem „genus mortale", einem todgeweihten Geschlecht, entwickelt hat. Die Heilslehren von *Platos* „Politeia" bis *Marx'* „Kapital" waren weltfremde Utopien. Im Angesichte des „Gattungsexitus" muß die Philosophie vom Menschen und sich selbst Abschied nehmen. Wir leben im „Präapokalyptikum", denn die Apokalypse ist nicht abwendbar. Niemand kann uns retten, denn „uns umgibt eine unendliche Menschenleere, eine kosmische Gleichgültigkeit und ein Schweigen aus den Tiefen des Alls".[16] Schon *Schopenhauer* hat ja als letzten Zweck unseres Daseins die Erkenntnis genannt, daß wir besser nicht da wären. Das „Untier Mensch", so meint *Horstmann* „welches das Tierreich in einen Schlachthof verwandelt hat und die Flora entweder ausmerzt oder unter seine chemische Knute zwingt, das in Strömen eigenen und fremden Blutes zu waten gewohnt ist, hat sein Heimatrecht auf diesem Planeten längst verwirkt."[17] Die Menschenleere ist ausdenkbar, sie ist verdient. Denn – so könnte man mit den Worten der Dichterin sagen:

„Ihr braucht nicht zu glauben,
daß der alte Adam
ungestraft unter dem Baum der Erkenntnis
mit dem Cherub pokern
und mit der Schlange
einträgliche Geschäfte abschließen kann.

Ihr braucht nicht zu glauben,
daß ihn nicht friert
den alten Adam
in seinem Fellkleid
aus Nerz und Schande."

Gertrud Fussenegger

„Wer immer zu den Lebenden gehört, für den gibt es Hoffnung“

Sollen wir demnach ein für allemal aufgeben und alle Hoffnung fahren lassen? Sollen wir uns der Philosophie der Resignation und der Verzweiflung überlassen? Soll uns die „Panik des Nihilismus“ *(E. Brunner)* schon jetzt geistig und seelisch zugrunde richten? Sollte nicht der Menschheit am Abgrund noch eine Chance geboten werden?

Solange wir als Einzelmenschen leben, haben wir immer die Möglichkeit, umzukehren und unser Leben zu ändern. Sollten wir uns als Gesamtheit diese Möglichkeit verweigern? Für das christliche Denken, das unsere westliche Kultur so entscheidend geprägt hat, sind sowohl „praesumptio“ (Anmaßung) als auch „desperatio“ (Verzweiflung) Signale des menschlichen Elends, aus dem der göttliche Erbarmer befreien will. Der Mensch darf sich selbst und seine Welt nicht aufgeben, weil Gott ihn und die Welt auch nicht aufgibt! Die Liebe „gibt niemals jemanden auf“ (1. Korinther 13, 7). Diese Gewißheit schafft Raum für Hoffnung! Und darum ist neben Glaube und Liebe gerade diese Hoffnung das Kennzeichen des bewußt lebenden Christen (1. Korinther 13, 13).

Während die antike Welt in Resignation und Skepsis versank, blickten die Christen hoffnungsfroh in die Zukunft, weil sie gewiß waren, daß Gott den Menschen und die Welt nicht fallen läßt. Ihr braucht „nicht traurig zu sein wie die anderen, die keine Hoffnung haben“, schreibt der Apostel Paulus tröstend an die Thessalonicher (1. Thessalonicher 4, 13, KN).

Offensichtlich hat es schon damals Stimmen gegeben, die weder dem Menschen noch der Welt Zukunft zutrauten. Mit einer solchen Perspektive kann man vielleicht vegetieren, aber nicht leben. Leben kann man nur in Hoffnung, daß Wende und Zukunft möglich sind. „Was der Sauerstoff für die Lunge“, sagt der Theologe *Emil Brunner*, „das bedeutet die Hoffnung für die menschliche Existenz. Nimm den Sauerstoff weg, so tritt der Tod durch Ersticken ein. Nimm die Hoffnung weg, so kommt die Atemnot über den Menschen, die Verzweiflung heißt, die Lähmung der seelisch-geistigen Spannkraft durch ein Gefühl der Nichtigkeit, der Sinnlosigkeit des Lebens. Der Vorrat an Sauerstoff entscheidet über das Schicksal der Menschheit.“[18]

Gegen die lähmende Zukunftsangst, den passiven, resignierenden Fatalismus, aber auch gegen den selbstzufriedenen, durch nichts gerechtfertigten Überoptimismus, es stehe ohnehin alles zum besten und es werde so schlimm nicht kommen, brauchen wir einen „Aufstand der Hoffnung" *(J. B. Metz).* „Ohne Hoffnung welken die Seelen und siechen dahin", hat der Schriftsteller *André Gide* vor seinem Tod geschrieben, nachdem er seine Leser ein Leben lang gelehrt hat, man dürfe eben nicht hoffen, sondern müsse im Gegenteil an der ständigen Unruhe festhalten. Ohne die Grunderfahrung der Hoffnung – so meint der Philosoph *Ernst Bloch* – ist menschliches Dasein nicht denkbar. „Das Grundthema der Philosophie ... sind die Kategorien Front, Zukunft, Novum ... der Traum nach vorwärts."[19]

Auch für die christliche Theologie der Gegenwart ist Hoffnung ein „Hauptwort" geworden. „Hoffnung ist ein Befehl." *(J. Moltmann)* Christen müssen der Welt Hoffnung injizieren, denn das Grundwort des christlichen Glaubens heißt Verheißung. Die Mission der Christenheit besteht im Aufstand gegen die Verzagtheit („No future"), gegen die Betäubung („Ich muß wenigstens eine Detektivgeschichte pro Tag lesen, um mich vor der nuklearen Bedrohung zu betäuben", *Bertrand Russell),* gegen die Illusion („Klar denken und nicht mehr hoffen", *Albert Camus),* gegen die Resignation („Ein Mensch ist dem anderen ein Wolf, bis alle Wölfe im atomaren Holocaust ausgelöscht sein werden").

Wie aber kann Hoffnung gegen den Kleinmut und die Verzweiflung so vieler zum Tragen kommen? Wie bekommen wir den neuen Menschen der Gelassenheit, Menschlichkeit und Zuversicht? Hoffnung kann nicht von unseren Atommeilern ausgebrütet werden, sie kann weder von unseren Computern auskalkuliert noch irgendwo von Astronauten im Weltraum eingefangen werden. Hoffnung braucht einen Zwillingsbruder, um leben zu können. Wenn wir trotz Ernüchterung und Angst über das Bestehende und Mögliche dennoch hoffen sollen, daß dem Menschen und seiner Welt Zukunft gegeben ist, dann brauchen wir *Umkehr*, „das Zwillingswort der Hoffnung" *(J. B. Metz).*

In dem aus der Bibel stammenden Wort steckt eine Fülle von Bedeutungen, eine ganze Welt von herausfordernden Angeboten. Umkehr ist Wandlung des Bestehenden, Sprengen des Überkommenen, Rückkehr zum Ursprung und von daher Mobilmachung neuer Kraft. Umkehr schließt Denken, Wollen und Tun ein; sie ist eine ganzheitliche Lebenshaltung. Sie beginnt mit Einsicht der Schuld und Abkehr vom Irrweg. Sie lehrt neu denken und handeln, sie befähigt, über sich selbst hinauszuwachsen. Sie vermag den auf sich selbst geworfenen Menschen aufzubrechen und ihn zu öffnen für seinen Nächsten und seine Umwelt, sie vermag Haß in Liebe zu verwandeln. Umkehr ist auch die einzige realistische Haltung, denn sie setzt nicht bei den Verhältnissen, sondern beim Menschen an. „Wir können nicht die Welt verändern, wohl aber unser eigenes Herz.“ *(Reinhold Schneider)*

Die Frage nach dem neuen Menschen ist daher nicht so sehr die Frage nach neuen Erfindungen, Maßnahmen und Einsätzen, sondern nach einer Wende im Menschen selbst.

Auf der Suche nach dem neuen Menschen

Der „Pfeil der Evolution“ *(Teilhard de Chardin)*

Seit *Charles Darwin* um die Mitte des 19. Jahrhunderts dem Entwicklungsgedanken zum Durchbruch verholfen hat, kreist das Denken seiner Anhänger um das Problem des neuen Menschen. Die Natur wird ihn uns bringen, denn der Mensch, „Wesen des Übergangs“ *(Hoimar v. Ditfurth),* wird im Zusammenhang mit der übrigen Welt durchaus als zu weiterer Entwicklung fähig eingestuft. Die Evolutionslehre behauptet, es sei möglich; viele Wissenschaftler behaupten, es sei verständlich; die Wissenschaftsgläubigkeit der Massen akzeptiert es.

Manche Evolutionisten sehen zwar im Menschen eher das Produkt einer deformativen Entwicklung. Die Natur habe sich mit dem auf Selbstvernichtung zusteuernden „Homo sapiens“ einen Irrtum geleistet. Außerdem sei der Mensch auch ein „Mängelwesen“, ja sogar eine „Fehlkonstruktion“. Er kann nicht von Natur aus schwimmen wie die Fische, er kann nicht aus eigener Kraft fliegen wie die Vögel, er kann nicht den Kopf nach hinten drehen wie ein Wendehals, seine Gliedmaßen nicht ersetzen wie ein Molch und keinen Winterschlaf halten wie ein Igel. Er kann nur denken und damit sich selbst und die Natur zerstören.

Ist damit das „Zauberwort Evolution“ *(Haeckel)* entzaubert, der Mensch statt Ausgangspunkt des Übermenschen zum Totengräber der Evolution geworden? Nein, vom Denken an eine natürliche Entwicklung zu immer Höherem und Besserem geht auch heute noch eine berauschende Faszination aus. Während viele voll Sorge fragen: „Wie bleibt der Mensch erhalten?“, träumen die Treuesten der Treuen *Darwins* vom Erscheinen des „Homo sapientissimus“, des neuen und höheren Menschen. Die Wende erfolgt nicht durch Umkehr zum Ursprung, sondern durch Fortschritt über das „Tier-Mensch-Übergangsfeld“ hinaus zum biologischen Übermenschen mit einem neuen Gehirn oder zum kybernetischen Zauberer, der sein

Gehirn durch Computer ersetzt! Dieser Supermensch könnte – so stellt man sich's vor[1] – durch bessere Ausnutzung des zentralen Nervensystems, durch Erschließung der rechten Gehirnhälfte für die Kommunikation mit dem Geist und durch Aufbau weiterer Schichten von Ganglienzellen entstehen. Der „Homo sapientissimus" wird so wahrscheinlich einen mächtigen Hirnschädel entwickeln, zu dem das kleine, greisenartig wirkende Gesicht in eigenartigem Kontrast stehen wird. Da der fortschreitende Haarverlust typisch ist für die Evolution, wird dieser gewaltige Kopf kahl und spiegelglatt sein. Wahrscheinlich wird der Mensch auf dem weiteren Evolutionsweg Geruchsvermögen, Zähne, die meisten Rippen, Finger und Zehen sowie sein intensives Gefühlsleben einbüßen. Die Hände werden kleiner werden, Ferse und Fußgelenk verschmelzen, so daß man steifbeinig dahinstelzen wird, sofern man überhaupt noch gehen sollte.

Dieser Ausbund an rationaler Klugheit wird vielleicht älter werden – moralischer wird er nicht sein, wenn er seine sittliche Entscheidungskraft genauso verkümmern läßt wie der Mensch der Gegenwart. Wenn ein neuer Evolutionsschub kommt, könnte der „Homo sapientissimus" – so behauptet man – schon im dritten Jahrtausend Wirklichkeit werden. Wenn aber die biologische Phase der Evolution eines Tages zu Ende sein sollte – wie wiederum andere vermuten[2] –, weil die „Produkte" der Evolution, d. h. die Menschen, ihren kybernetischen Strukturen, d. h. den Computertechniken, einen solchen Komplexitätsgrad verschafft haben werden, daß sie sich selbständig weiterentwickeln können, dann wäre es vorstellbar, daß die Evolution vom biologischen auf den technischen Weg überspringt. Wir hätten dann nicht einen Entwicklungsprozeß vom Einzeller über den „Homo sapiens" zum „Homo sapientissimus", sondern vom Einzeller über den Menschen zum autonomen Computer. In jedem Fall – so sagen *Darwins* Jünger – liegt Aufstieg vor uns, die Evolution trägt uns empor!

Kaum jemand hat in unserer Zeit diesen evolutionären Aufstieg zum neuen Menschen enthusiastischer und lyrischer bejubelt als der Jesuitenpater und Paläontologe *Pierre Teilhard de Chardin*. Was für die reinen Darwinisten Produkt des Zufalls darstellt, ist für *Teilhard de Chardin* eine Kombination von christlichen Erlösungsgedanken und Evolution. „Gott ist die Triebkraft, der Sammelpunkt und

Garant – das Haupt der Evolution."[3] Die christliche Schöpfungs- und Heilsgeschichte trägt bei ihm die Züge kosmischer Entwicklung, in der Gottes- und Weltwirklichkeit zu zukünftigen Vereinigungen streben. Diese Kosmogenese beginnt als Biogenese (Entstehung des Lebens), setzt sich fort in der Noogenese (Entstehung des Geistes), findet einen Höhepunkt in der Christogenese (Erscheinung Christi) und strebt dem Endpunkt Omega zu, der Verwirklichung des kosmischen und universalen Christus.

Was nach dem Neuen Testament durch die Wiederkunft Christi vollendet werden soll, ist bei *Teilhard de Chardin* die zu Ende gekommene Evolution, die Beendigung des „außerordentlichen Abenteuers der Welt". Gott wirkt nicht durch Offenbarung in die Welt hinein, sondern „er läßt die Dinge sich machen".[4] In diesem Prozeß fällt dem Menschen eine wichtige Rolle zu; er ist der „Pfeil der Evolution",[5] an seiner Entwicklung vom Instinkt zum Geist läßt sich die Aufwärtsentwicklung verfolgen. „Die Entwicklung des Menschen ist auch keineswegs abgeschlossen ... sie befindet sich in unserer Zeit in vollem Aufschwung ... hin auf ein Ultra-Menschsein."[6] Dieses Ziel wird die Menschheit erreicht haben, wenn sie sich zu „einer gemeinsamen Liebe bekehrt haben wird".[7]

Spätestens hier gilt es innezuhalten und zu fragen: Wie verträgt sich die christliche Nächsten- und Feindesliebe mit dem Evolutionsprinzip vom „Kampf ums Dasein" *(Darwin)* und vom „Recht des Stärkeren" *(Lyell)?* Hat nicht gerade die darwinistische Evolutionslehre – auf den Menschen übertragen – eine fatale Rolle bei der Zerstörung des menschlichen Gewissens gespielt? Hat nicht der sogenannte Sozialdarwinismus die Grausamkeit der Natur als Barmherzigkeit gepriesen, indem durch Kriege, Krankheiten, Elend und Unfälle die Schwächeren fallen sollten, damit die Stärkeren überleben könnten? Betrachtet nicht so mancher Evolutionist die Brauchbarkeit der Moral nur vom Standpunkt des physischen Überlebens aus, den Krieg als zum Wesen des Menschen gehörend und den Rassimus als naturgegebene Ordnung zu Herrschaft und Sklaverei?

Adolf Hitler war der konsequentere Evolutionist, wenn er die „Brutalität" des Menschen pries und verkündete: „Gerechtigkeit ist ein Trug, es gibt nichts als Gewalt."[8] Und Geschichte sei nicht wie bei *Marx* Geschichte von Klassenkämpfen, sondern von Rassenkämpfen. „Wenn das deutsche Volk nicht bereit ist, sich für seine Selbsterhaltung einzusetzen, dann soll es verschwinden.“[9]

Es ehrt *Teilhard de Chardin,* daß er sich anders als die Imperialisten und Diktatoren des 19. und 20. Jahrhunderts für die Liebe entschieden hat und damit eigentlich für das Evangelium und gegen die Evolution. Seinem System hat er freilich damit ein kräftiges Fragezeichen aufgeprägt.

Aber noch ein Zweites fällt auf, etwas, womit *Teilhard de Chardin* sein ganzes Leben gerungen hat, weil es eben nicht in die optimistische Schau einer evolutionären Aufwärtsentwicklung zum Ultra-Menschsein paßt: das Böse. In christlicher Sicht ist das radikal Böse die durch den Sündenfall des ersten Menschen in seinen Nachkommen eingewurzelte Entfremdung von Gott und die Einkrümmung auf sich selbst. Der Mensch sucht nur sich selbst, er kennt nur sich selbst. Nach der Bibel ist dies nicht Fortschritt, sondern Verfall (Sprüche 14, 34).

In *Teilhard de Chardins* Evolutionstheologie hingegen ist das Böse ein Naturgesetz, „die unvermeidliche Kehrseite jeder Schöpfung“.[10] Wenn der Mensch sündigt, legt er einfach nur eine Haltung an den Tag, deren Prinzip „lange vor uns in das ganze Universum, von den niedrigsten Bereichen der Materie bis hin zu den Sphären der Engel, eingegossen war“.[11] Auch *Teilhard de Chardin* nennt das Böse „Perversion“, aber für ihn kommt es nicht aus mißbrauchter Freiheit, sondern ist Gesetz, „Gesetz des Rückfalls, das Lösegeld für den Fortschritt“.[12]

Gegen den Vorwurf, dies sei nicht christlich, sondern eher manichäistisch, verteidigt sich *Teilhard de Chardin* mit einer evolutionistischen Minimierung des Bösen: „Das (intellektuelle) Problem des Übels verschwindet. Da nämlich in dieser Sicht physisches Leiden und sittliche Fehler unausweichlich in die Welt kommen, und zwar nicht kraft einer Defizienz des Schöpferaktes, sondern aufgrund der Struktur selbst des teilhabenden Seins (d. h. als statistisch unvermeidliches Nebenprodukt der Einswerdung der Vielen), widersprechen sie weder der Macht noch der Güte Gottes.“[13]

Dies gilt freilich – so meinen wir – nicht für den biblischen Schöpfergott, der am Anfang alles „sehr gut“ gemacht hat (1. Mose 1, 31), sondern für den Evolutionsgott, „der macht, daß sich die Dinge machen“.

Zuletzt ist zu fragen, ob nicht die Evolutionstheorie als Welterklärung einer der ganz großen Irrwege der Menschheit ist. Wenn nach *Konrad Lorenz* „Mutation und Selektion die beiden großen Konstrukteure des Artenwandels“[14] sein sollen, die die Gesamtheit des Lebens erklären, dann sind wir nicht mit wissenschaftlichen Tatsachen, sondern mit hypothetischen Annahmen und einem naturphilosophischen Glaubensbekenntnis konfrontiert. Mutationen, spontane oder künstlich erzeugte Veränderungen im Erbgefüge, sind nämlich nur für die Aufspaltung einer Art in Rassen oder Varietäten verantwortlich. Selektion, natürliche Auslese, erklärt nur, warum gewisse Formen nicht oder nicht mehr existieren. Erst durch ein „Überdehnen des Geltungsbereichs“ – d. h. einen ungerechtfertigten Schluß von Mikroevolution [Aufspaltung der Arten in Varietäten] auf Makroevolution [Entwicklung der Arten vom Einzeller zum Menschen] – „wird eine Antwort auf die schwersten Fragen der Lebensforschung vorgetäuscht“ *(Adolf Portmann)*.[15] Was von Evolutionisten wie *Ernst Haeckel* noch als „exakteste Wissenschaftlichkeit“[16] bezeichnet wurde, wird heute viel skeptischer beurteilt. Manche meinen sogar, *Darwins* Evolutionslehre sei ein „Jahrhundertirrtum“.[17] Von hier den neuen Menschen zu erwarten, der gegen die menschenverachtenden und vernichtenden Strukturen unserer Zeit zu leben vermag, ist vergebliche Hoffnung. Die Natur bedarf selbst der Erneuerung, von ihr ist kein Neues zu erhoffen.

„Der Mensch ist etwas, das überwunden werden muß“
(Friedrich Nietzsche)

Begeistert haben nicht nur Naturwissenschaftler, sondern auch Philosophen die Thesen *Darwins* übernommen und häufig in radikalisierter Form auch auf das Geistes- und Gesellschaftsleben übertragen, so zum Beispiel *Spencer*, *Huxley*, *Marx* und *Haeckel*. *Spencer* war der erste, der *Darwin* – teilweise sogar vorwegnehmend – philosophisch interpretierte und das Sittengesetz dem Naturgesetz („Kampf ums Dasein“) unterwarf. Was das Leben und die Lust steigert, ist gut. Der Mensch der Zukunft wird sich ganz vom Nützlichkeitsprinzip leiten lassen. Was der Gesellschaft und damit auch dem Einzelmenschen nützt, ist das höchste sittliche Ziel.

Mehr noch als *Spencer* haben *Huxley* und *Haeckel* zur Verbreitung darwinistischer Ideen beigetragen. Sie popularisierten die Evolutionstheorie und trugen sie als neues Evangelium ins Volk. Während aber *Huxley* die Sittlichkeit aus der tödlichen Umklammerung des Kampfes ums Dasein zu lösen versuchte, gehörte sie für *Haeckel* in die Naturwissenschaft. Das oberste sittliche Prinzip sei der Egoismus. Auch Altruismus, also Selbstlosigkeit, sei nur verfeinerter Egoismus. Der Mensch der Zukunft werde daher die Nächsten-, nicht aber die Feindesliebe üben. Obwohl es nach *Darwin* in der Natur nirgendwo Gleichheit gibt und der Kampf ums Dasein den Schwächeren erdrückt, hat der Darwinismus auch den Sozialismus beeinflußt. Nicht umsonst plante *Marx*, sein Werk „Das Kapital" *Darwin* zu widmen. Die Evolutionslehre lieferte den Marxisten die Bestandteile für ein atheistisches Welt-, Gesellschafts- und Menschenbild. Die klassenlose Gesellschaft und der neue Mensch sind nicht von Sinnesänderung und Umkehr zu erhoffen, sondern wie in der Natur von festgelegten evolutionistischen Prozessen zu erwarten, Prozessen, in denen sich nicht Geist und Gewissen von der Natur befreien, sondern umgekehrt, das Sein das Bewußtsein bestimmt.

Keiner aber hat auf der Suche nach dem neuen Menschen aus dem pseudowissenschaftlichen Weltbild der Evolution radikalere Konsequenzen gezogen als der Pastorensohn und „Antichrist" *Friedrich Nietzsche*. Er war, wie der Historiker *Will Durant* sagt, „Darwins Sohn". *Nietzsche* entwarf eine Lebensphilosophie des „Übermenschen", der über die „viel zu vielen" hinweg zu einsamer, grandioser und brutaler Vollendung schreitet. „Bessere Raubtiere sollen sie also werden, feinere, klügere, menschen-ähnlichere: der Mensch nämlich ist das beste Raubtier."[18]

Diese Apotheose des Starken und Edlen sprengt freilich die Evolution der Natur; sie kommt aus der Revolution des Willens, des „Willens zur Macht". Einzig dieser alles erstürmende Wille ist maßgebend. Der Übermensch steht „jenseits von Gut und Böse", denn „es gibt weder moralische noch unmoralische Handlungen",[19] das Moralische ist das Starke, das Unmoralische das Schwache. Um den neuen Menschen, den vornehmen, adeligen, sinnlichen und künstlerischen zu schaffen, muß der Mensch, wie wir ihn kennen, überwunden werden und eine „Umwertung aller Werte"[20] stattfinden. Die christliche Moral muß zerstört werden („Zerbrecht mir, ihr

Erkennenden, die alten Tafeln“[21]), das neue Evangelium lautet: „Schone deinen Nächsten nicht“[22] und „was fällt, das soll man auch noch stoßen“.[23] Leben ist Kampf, Verletzung, Überwältigung, Unterdrückung und Härte. In den maßlosen Machtmenschen *Cesare Borgia* und *Napoleon* haben wir Modelle des Übermenschen, der der „Sinn der Erde“ ist. Der Übermensch aber ist die „blonde Bestie“, die tausend Meineide schwört und jeden Mord begeht, wenn dies nur Nutzen bringt.

Adolf Hitler und der Nationalsozialismus, *Benito Mussolini* und der Faschismus waren gelehrige Schüler *Nietzsches*. Was der eine am Schreibtisch entwarf, haben die beiden anderen in die Tat umgesetzt. Beide fanden ihr Menschenideal im „Zarathustra“: „So will ich Mann und Weib: kriegstüchtig den Einen, gebärtüchtig das Andre.“[24] Beide betrachteten sich und ihr Werk als einmalig. Das einmalige Resultat des Experiments „Übermensch“ ist bekannt. Dieser neue Mensch war viel zu sehr der alte Mensch, um Zukunft haben zu können.

Mit der Trauer um die Millionen Opfer der modernen Barbarei könnte man das Kapitel „Übermensch“ abschließen. Aber kann man es wirklich? Zu viele von *Nietzsches* Ideen sind Gemeingut des modernen Menschen geworden, als daß man seine Philosophie für überwunden erklären könnte. *Nietzsches* aristokratischer Nihilismus ist zum Massennihilismus des westlichen Menschen geworden. Im praktischen Atheismus von heute gibt es keinen absoluten Bezugspunkt mehr. Alles ist wahr und relativ zugleich, alles ist erlaubt, wenn es nur Lust bringt. Jeder denkt an sich und praktiziert die „Fernstenliebe“. Vom Frieden wird zwar viel geredet, mehr noch aber blüht der Haß im Geschlechter-, Generationen-, Rassen- und Völkerkampf. In vielen unserer Zeitgenossen hausen nur mehr Leere und Haltlosigkeit. Der Verlust der Werte beweist, wie gut *Nietzsche* und andere Nihilisten „mit dem Hammer“ philosophiert haben. Die Hybris des Übermenschen ist zwar vielen vergangen, die zerbrochenen Tafeln aber sind geblieben. „No future“ heißt die nihilistische Verheißung. *Nietzsche* hat es selbst am treffendsten beschrieben: „Gibt es noch ein Oben und ein Unten? Irren wir nicht wie durch ein unendliches Nichts? Haucht uns nicht der leere Raum an? Ist es nicht kälter geworden? Kommt nicht immerfort die Nacht und mehr Nacht?“[25]

Nein, vom nihilistischen Menschen wird der neue Mensch nicht geboren. Wir würden mit ihm nur noch tiefer in die Ausweglosigkeit von Egoismus, Haß und Krieg stürzen. Das wäre freilich diesmal das unwiderrufliche Ende.

Von der Selbstentfremdung zur Selbstverwirklichung *(Karl Marx)*

Als *Karl Marx* am 17. März 1883 auf dem Londoner Highgate-Friedhof zu Grabe getragen wurde, sprach sein Freund *Friedrich Engels* das Glaubensbekenntnis der Marxisten, das seither Millionen von Menschen zur unumstößlichen Gewißheit geworden ist: „Wie Darwin das Gesetz der organischen Natur entdeckte, so entdeckte Marx das Entwicklungsgesetz der menschlichen Geschichte."[26] Er wird kommen, der neue Mensch, aber nicht nur durch die Evolution der Natur oder gar durch die Revolution des Willens, sondern allein durch die Umkehrung der gesellschaftlichen Verhältnisse. Der Mensch ist zwar grundsätzlich tierisch,[27] aber er unterscheidet sich doch vom Tier, weil er ein produzierendes Wesen ist.[28] Alles Elend des Menschen kommt aber aus dem Privateigentum der Produktionsmittel.

Dieses Charakteristikum der kapitalistischen Gesellschaft ist unnatürlich und stürzt den ausgebeuteten Lohnsklaven in die „menschliche Selbstentfremdung."[29] Da das Sein (die gesellschaftlichen Verhältnisse) das Bewußtsein (die Ideen) bestimmt,[30] schafft die kapitalistische Gesellschaftsform auch ein ganz falsches Denken, darunter auch die Religion, die, weil sie ein illusionäres Trostmittel ist, wie das „Opium des Volkes"[31] wirkt. Nicht die sittliche Erneuerung, wie sie der christliche Glaube fordert – nach *Marx* „Liebesduselei" und „Kriecherei und Selbstverachtung"[32] –, wird den neuen Menschen hervorbringen, sondern allein „der Materialismus ist die Lehre des realen Humanismus".[33] Durch die richtige Gesellschaftsanalyse und die Erkenntnis des allmächtigen dialektischen Gesetzes, das die Geschichte vom Kapitalismus zum Sozialismus und Kommunismus treiben wird, kommen wir zum echten Humanismus. Durch die Aufhebung des Privateigentums und damit der Ausbeutung des Menschen durch Menschen bei gleichzeitigem Absterben des falschen Bewußtseins (Religion, Gott, Feindesliebe) wird der ursprüngliche Naturalismus erreicht und der vollendete Humanismus geboren. Heimgekehrt aus der ökonomischen Entfremdung in sein gesellschaftliches Dasein, kann der Mensch sich selbst verwirklichen und zu seinem wahren Wesen finden. Er wird ein Leben des „Daseins für den anderen und des anderen für ihn führen",[34] aber nicht aus der Umkehr zur Liebe, sondern aus der Verändung der Verhältnisse. Wenn „jedem nach seinen Fähigkeiten" oder gar „nach seinen Bedürfnissen"[35] gegeben werden kann, werden wir neue Menschen sein.

Wann wird das geschehen? Nach Jahrzehnten des „real existierenden Sozialismus" haben sich bei den Anhängern von *Marx* beträchtliche Zweifel eingeschlichen, ob die Zauberformel von der neuen Gesellschaft, die einen neuen Menschen schafft, so auch stimmt. Der Neomarxist *Milan Machoveč* muß gestehen: „Man erwartete nach der Enteignung der Kapitalisten und nach Beseitigung des Prinzips der Ausbeutung ein so radikal ‚anderes Leben', einen so anderen, in jeder Hinsicht edleren Menschen ... Aber fünfzig Jahre nach einer marxistischen Revolution kann so gut wie niemand mehr so konzentriert und ‚quasi eschatologisch' bloß ‚erwarten', daß die Enteignung des Privateigentums trotz gewisser Korrekturen eventueller Fehler, die ‚unterwegs' gemacht wurden, solche paradiesischen Folgen haben, ein ‚absolut anderes' Leben erzeugen kann und alle nur möglichen Schönheiten und Genüsse bald jedem zu bieten vermag ... Da begannen die Marxisten des 20. Jahrhunderts langsam und mühsam zu lernen, wie schwierig es ist, einen einzigen realen Schritt nach vorwärts tatsächlich zu tun, ohne daß die Dämonen des ‚Alten' in irgendeiner Verkleidung zurückkehren."[36]

Der Grundirrtum bei *Marx* ist die Einengung des Menschen auf seine gesellschaftliche Existenz. Wie der Mensch eigentlich ist, wird dabei mit optimistischer Naivität gar nicht wahrgenommen. *Marx* hat offensichtlich den paulinischen Notschrei „Ich bin fleischlich, unter die Sünde verkauft ... Ich elender Mensch! Wer wird mich erlösen" (Römer 7, 14. 24) nie gehört – oder unterdrückt. Zum „Selbst" des Menschen gehört viel Zerstörerisches (Aggressivität und Brutalität), das auch durch Veränderung der ökonomischen Verhältnisse keineswegs verschwindet.

Es ist ein gefährliches „Blinde-Kuh-Spiel" mit sich selbst, wenn der Mensch sich einredet, daß an allem nur die Verhältnisse Schuld

Am 20. Juli 1969 betrat der Amerikaner Neil Armstrong als erster Mensch den Mond – ein Höhepunkt der technischen Entwicklung: der erste Schritt in die Zukunft im Weltall.

tragen. Diese Fixierung auf den sozialen Kontext, in dem das Individuum aufgeht, lähmt jeden moralischen Appell, läßt ihn sogar als schädlich erscheinen, denn nicht Liebe, sondern Produktion und Konsum halten die Menschen zusammen. Darum „predigen die Kommunisten überhaupt keine Moral . . . Sie stellen nicht die moralische Forderung an die Menschheit: Liebet euch untereinander, seid keine Egoisten."[37] Hat *Albert Camus* unrecht gehabt, wenn er *Marx* den „Propheten der lieblosen Gerechtigkeit" nannte?

Das Aufgehen des einzelnen im Ganzen ermöglicht weder echten Humanismus, noch beantwortet es die Frage nach dem ganz persönlichen Sinn jedes Einzellebens, die Frage nach Leiden und Sterben. Ob die Vertröstung auf die klassenlose Gesellschaft zukünftiger Generationen einem mit dem Tod ringenden Menschen Halt und Kraft geben kann? Um wieviel mehr findet doch der Apostel Paulus hier den Weg zum Herzen des Menschen: „Wir wissen aber, daß denen, die Gott lieben, alle Dinge zum Besten dienen." (Römer 8, 28) Dieses Wissen kann Trost vermitteln, „damit ihr nicht traurig seid wie die andern, die keine Hoffnung haben" (1. Thessalonicher 4, 13). Letztlich verleiht der Anspruch des Marxismus, Vollzugsorgan der Geschichte zu sein, dem Marxschen Humanismus den Charakter einer „Zwangsbeglückung". Von daher erfolgt auch die Rechtfertigung des Kampfes als Klassenkampf und Weltrevolution. Es ist ein Zerrbild des Humanismus, wenn behauptet wird, der Mensch müsse in die totale Vergesellschaftung gezwungen werden und seine Grundrechte an die Gesellschaft abtreten. Wir fragen uns heute, ob sich der Humanist *Marx* bewußt war, mit der Formel von der „revolutionären Diktatur des Proletariats"[38] die Schleusen für ein erbarmungsloses Machtstreben geöffnet zu haben? Auf jeden Fall haben ihn viele so verstanden: *Lenin*, *Stalin*, *Mao*, *Fidel Castro*, *Pol Pot*.

Die Anhänger der marxistischen Guerillaorganisation „*Sendero Luminoso*" („Leuchtender Pfad") in Südamerika sagen es frei heraus: „Außer der Macht ist alles Illusion. Wir werden den Himmel erobern mit der Kraft des Gewehres."[39] Der „menschliche Mensch", wie ihn besonders der junge *Marx* erträumte, muß dabei unweigerlich auf der Strecke bleiben. Gerade durch diesen falsch verstandenen Humanismus kann der Mensch wieder das werden, was er nicht mehr sein sollte: „Das erniedrigte, geknechtete, verlassene und verächtliche Wesen."[40]

Lernt der Mensch jetzt wieder denken – dank dem Wassermann?
(New Age – Neureligionen – Esoterik)

Immer mehr Menschen beginnen heute zu begreifen, daß das von *Darwins* Jüngern entworfene Menschenbild aus der zweiten Hälfte des 19. und aus der ersten Hälfte des 20. Jahrhunderts eine tragische und gefährliche Illusion darstellt, mit der wir die Zukunft aufs Spiel setzen. Daß wir durch natürliche Evolution oder individuelle bzw. gesellschaftliche Revolution den neuen Menschen schaffen werden, glauben heute nur noch die Unverbesserlichen. Die Menschheit muß zu neuen Ufern! Alternatives, ganzheitliches, spirituelles Leben wird gefordert. Die Abkehr vom „Cartesianisch-Newtonschen Zeitalter" mit seinem bankrotten mechanistischen Welt- und Menschenbild soll ein „Neues Zeitalter" (New Age) heraufführen, ein Zeitalter, in dem an die Stelle des quantitativen Messens das qualitative Werten treten wird.

New Age wird definiert als „Wendezeit" *(Frank Capra),*[41] denn „weiterleben kann die Menschheit nur, wenn sie von Grund auf anders denken lernt". Das mechanistisch-technische Denken eines *Darwin*, *Marx* und *Freud* soll abgelöst werden vom „organisch-mystischen" Bewußtsein östlicher Religiosität. Man spricht auch vom „Unternehmen Erlösung" *(G. Trevelyan),* von der „Wiederverzauberung der Welt" *(M. Berman),* der „sanften Verschwörung" *(M. Ferguson)* und dem „Aquarius-Zeitalter", dem Zeitalter des Wassermannes, denn die Menschheit ist jetzt auf dem Weg vom wissenschaftlich-technischen „Fische-Zeitalter" in die mystisch-imaginäre „Wassermann-Zeit", die angeblich am 17. August 1987 begonnen haben soll. Diese Epoche wird eine „Erweiterung des Bewußtseins" bringen, eine „Transformation" des Selbst und der Welt, eine „Rückkehr des Imaginären", die Einheit von Geist und Natur, von Verstand und Gefühl. Eine „neue Weltreligion" *(Alice Ann Bailey)* ist im Entstehen.

„New Age" wird als Gegenbegriff zu „No future" verstanden, Ganzheitsdenken einschließlich Mystik und Magie wird gegen naturwissenschaftlich-technische Einengung gesetzt. Es geht ganz einfach um die „Neuerschaffung der Welt" *(R. Müller)* um eine „Vermählung von Elektronik und Esoterik" *(G. Gerken).* Alternativkultur (Ökologie- und Friedensbewegung, Emanzipation und Feminismus), religiöse Szene (Neu- und Jugendreligionen), Neugnosis (Theosophie und Anthroposophie), Okkultismus (Magie, Spiritismus, Astrologie, Fernheilkunst) und die Hinwendung zu östlichem Mystizismus (Yoga, Sufismus, Zen-Buddhismus) werden als Zeichen des heraufkommenden Zeitalters verstanden. Schon die Hippies der sechziger Jahre haben es im „Aquariussong" des Musicals „Hair" angekündigt:

> „Harmonie und Recht und Klarheit!
> Sympathie und Licht und Wahrheit!
> Niemand wird die Freiheit knebeln,
> niemand mehr den Geist umnebeln.
> Mystik wird uns Einsicht schenken,
> und der Mensch lernt wieder denken,
> dank dem Wassermann, dank dem Wassermann!"

In dieser Hinwendung zu Mystik und Spiritualität bricht ein unerwarteter Trend auf. Fasziniert von den unbestrittenen technischen Leistungen der Neuzeit und unter dem Druck der umstrittenen Wissenschaftsgläubigkeit der Gesellschaft hatten ja bis vor kurzem sogar Theologen die Waffen gestreckt. Eine mündig gewordene Welt sah und sieht sich ausschließlich auf die Dimension der Wissenschaft verwiesen. Alles, was über diese Dimension hinauszugehen beansprucht, erschien und erscheint für immer aus der Welt hinausgedrängt zu sein. Die Menschheit geht einer religionslosen Zeit entgegen!

Genau das aber ist nicht nur falsche, sondern auch verderbliche Prophetie. Der britische Historiker *A. J. Toynbee* schreibt zum Verhältnis von Wissenschaft und Religion: „Nach meiner Überzeugung können Wissenschaft und Technologie die geistigen Bedürfnisse, für die alle möglichen Religionen zu sorgen versuchen, nicht befriedigen ... Historisch gesehen kam die Religion zuerst, und die Wissenschaft ging aus der Religion hervor. Die Wissenschaft hat die Religion nie ersetzt, und es ist meine Erwartung, daß sie auch nie ersetzt wird ... Wie können wir zu einem beständigen Frieden kommen? Für einen wahren und beständigen Frieden ist eine religiöse Revolution, dessen bin ich gewiß, eine unabdingbare Notwendigkeit. Mit Religion ... meine ich die Überwindung der Egozentrik in den Individuen wie in den Gemeinschaften, indem wir Gemeinschaft erlangen mit der geistigen Wirklichkeit hinter dem Universum und indem wir unseren Willen in Harmonie mit ihr bringen. Ich meine, daß dies der einzige Schlüssel zum Frieden ist, aber wir sind ferne davon, diesen Schlüssel zu ergreifen und zu nutzen, und so wird, bis wir dies tun, das Überleben des Menschengeschlechtes weiterhin im Zweifel bleiben."[42]

In der Religion erfährt der Mensch also, daß er mehr ist, als er von sich weiß und daß er „nicht im Vorhandenen aufgeht" *(Trutz Rendtorff)*. Religion gehört einfach zum Menschen, denn „Mensch sein, oder besser werden, heißt, ‚religiös' sein" *(M. Eliade)*. Während uns die Wissenschaft nicht mehr zu sagen weiß, als daß die Erde ein Mikro-Atom im Weltall ist, weist die Religion auf die Fragen, welche die Kompetenz der Wissenschaft übersteigen: auf die Ursprungs-, Sinn- und Zielfrage des Ganzen. Der religiöse Glaube steht hier in einem Konkurrenzverhältnis zum philosophischen Glauben, der um die Beantwortung derselben Fragen ringt. Während aber die Philosophie immer nur auf einen relativen Bezugspunkt, den Philosophen und sein Denken, zu verweisen vermag, lebt die Religion vom Anspruch des Absoluten, der sich auf Offenbarung gründet. Dieser feste Bezug zu einer uns umgreifenden und uns zur Verantwortung fordernden Dimension ist heute zu einer Frage des Überlebens geworden. „Das einundzwanzigste Jahrhundert", so sagte *A. Malraux*, „wird mystisch sein oder nicht sein."[43]

Ist aber „New Age" die geforderte religiöse Revolution, die den ganzheitlich denkenden und altruistisch handelnden Menschen bringen wird? Das ist bei einer so schillernden und uneinheitlichen, sogar oft widersprüchlichen Bewegung schwer zu sagen. Die „Jesus people", fromm gewordene Hippies der sechziger und siebziger Jahre, trugen religiöse Züge. Ebenso die Neu- und Jugendreligionen, die sie weitgehend abgelöst haben. Noch deutlicher werden diese Züge in der Hinwendung zur östlichen Religiosität (Neohinduismus aus Indien, Zen-Buddhismus aus Japan, Taoismus aus China und Sufismus aus der Welt des Islam). Kritiker sprechen daher manchmal eher von einer „Old Age"-Bewegung. Daneben aber gibt es die Strömungen der Alternativszene, der Neugnosis und der Ökologiebewegung.

Hier geht es nicht unbedingt um die religiöse Dimension der Transzendenz, sondern eher um eine „holistische Weltsicht" (ganzheitliche Weltsicht, Ganzheitsdenken), um das Einssein mit der Einheit des Lebens, um die Überwindung der technisch-rationalen Einengung durch Bewußtseinserweiterung ins Mystisch-Irrationale. Vertreter dieser Richtung sprechen daher auch lieber von „neuer Spiritualität“ als von Religion. Kritiker haben in diesem Zusammenhang den Begriff „Quasireligion“ geprägt.

Was „New Age“ zusammenhält, ist der gemeinsame Glaube an das „neue Zeitalter“, an den Aufbruch zu einem erfüllteren Leben, das sich aus der Ganzheit der rationalen und irrationalen Dimension speist. Nicht durch die Revolution des Willens oder der Gesellschaft, sondern durch neue „Psychotechniken“, wie zum Beispiel Alternativformen des Heilens, der Erziehung, der Technik und der Religion, soll es zu einer „Transformation“ und damit zu einer neuen Daseinsform des Menschen kommen.

Zur Transformation soll die Menschheit durch „Bewußtseinserweiterung“ gelangen. Dieses neue Denken wird sich in der Harmonie von Seele und Körper, Mensch und Natur, Wissenschaft und Geheimwissen zeigen, wie es in den Mythologien der „Naturvölker“ zu finden ist. Eingeschlossen darin sind „transpersonale Erfahrungen“, die es den Menschen ermöglichen sollen, zur okkulten Wirklichkeitsebene aufzusteigen, welche die Ebene der sichtbaren Welt überlagert. Wege dazu sind Yoga (Meditations- und Konzentrationstraining zur Beherrschung von Bewußtsein, Körper, Unbewußtem und von natürlichen und magischen Kräften), Transzendentale Meditation (völlige Bewußtseinsleere; Trancezustände, die durch „Nicht-Denken“ zur Energieerneuerung und Verbesserung der Lebensqualität führen sollen) und Zen-Buddhismus (Erfahrung der Einheit mit dem Universum durch meditativ entwickelte Intuition). „Wenn jeder Mensch am Morgen“, so meint *Maharishi Mahesch Yogi*, „fünfzehn Minuten lang meditieren würde, wären alle Probleme gelöst.“[44]

Damit Hand in Hand geht trotz aller Opposition gegen *Darwin* und *Marx* der „Fortschrittsglaube“ an eine zukünftige geistige Höherentwicklung des Menschen. Für manche „New Age“-Denker vollzieht sich diese Entwicklung nicht als genetischer oder gesellschaftlicher Sprung, sondern als Einfluß kosmischer Kraftströmung, die für das Wassermannzeitalter charakteristisch sein wird. Der Wassermann-Geist wird's richten! Dann erst, durch den Energiestrahl der neuen

Zeit, wird der Mensch zum neuen Geschöpf umgepolt. Dann erst wird er das Liebesgebot Christi erfüllen können. Dann erst kommt es zur Versöhnung von Wissen und Glauben und zum Zusammenschluß aller Religionen.

Das Endergebnis dieses religiösen Evolutionismus soll ein „kollektives, transzendentes, universelles höheres Selbst" *(Ferguson)* sein, in dem der Mensch sich als Gott-Ersatz vollendet. Gott, die in einer zweiten Welt beheimatete Übermacht, weicht damit der noch nicht erreichten, aber angestrebten „Totalität unserer Welt". Zu dieser Totalität gehören radikale Emanzipation, welche die Geschlechter als nahezu austauschbar verkündet, „ökologische Religion" *(Hubertus Mynarek)* als Religiosität ohne Gott und Magie als Wissenschaft der Zukunft, denn „die Zivilisation wird sich nicht weiterentwickeln, wenn wir das ‚Okkulte' nicht mit gleicher Selbstverständlichkeit anzunehmen lernen wie die Atomenergie" *(C. Wilson)*.[45]

Dem aus den östlichen Religionen stammenden Glauben vom „Einswerden" mit dem Universum liegt ein Menschenbild zugrunde, das maßlose und zugleich fatalistische Züge trägt. Soweit überhaupt christliche Einflüsse wirksam sind, kommt es zu einer Verzerrung des biblischen Gottes- und Menschenbildes. Dies zeigt sich in der Aufgabe des Glaubens an die Persönlichkeit Gottes und der sittlichen Verantwortung des Menschen. Vor allem aber sind es die dem Hinduismus entnommenen Ideen, die der Maßlosigkeit dieses Menschenbildes das Gepräge geben. Vordergründig ist der Hinduismus mit seinen Millionen von Göttern eine typisch polytheistische Religion. Dahinter aber verbirgt sich eine pantheistische Philosophie, die das All und die menschliche Seele vergöttlicht. Der Mensch wird von daher als „absolutes Sein über Raum und Zeit" *(Vivekananda)* begriffen. Während das Christentum um das radikal Böse im Menschen weiß, kennt der Hinduismus diesen Unterschied nicht. Da der Mensch Teil des göttlichen Ganzen ist, gibt es keinen sittlichen Abstand von Gott zu Mensch. „Wir sind Gottes Kinder", sagt *Swami Vivekananda*, ein Reformhinduist, „Teilhaber unsterblicher Seligkeit, heilige und vollkommene Wesen. Wie, ihr Erdengottheiten, Sünder? Es ist eine Sünde, einen Menschen so zu nennen. Es ist eine offensichtliche Verleumdung der menschlichen Natur."[46]

Gerade diese Ideen spielen in der „New Age"-Bewegung eine große Rolle. *Hermann Schulze-Berndt* hat sie als die „fünf Merkmale“ bezeichnet, welche „die unterschiedlichen Vereinigungen der ‚New-Age-Spirituality‘ verbinden“:

1. Gott wird als unpersönliche Kraft gedacht.
2. Der Mensch wird im pantheistischen Sinn als Teil des Göttlichen interpretiert.
3. Die Welt ist ein zeitweiliger Spielplatz des reinen Geistes.
4. Erlösung wird durch verschiedene Techniken und Rituale als Erleben der göttlichen Erleuchtung verstanden.
5. Das Böse ist identisch mit dem Zustand des Nicht-Erleuchtet-Seins.[47]

In manchen Neureligionen reduziert sich daher das Problem des neuen Menschen in einer neuen Welt auf die Entdeckung der eigenen Göttlichkeit. Bei den Sannyasins des *Bhagwan Shree Rajneesh* geht es um die Entdeckung des „Du als Gott“,[48] in der Hare-Krishna-Bewegung um die Erkenntnis der „ewigen Geistseele als wesentlicher Bestandteil Gottes“,[49] in der Transzendentalen Meditation des *Maharishi Mahesh Yogi* fallen „Gottes-, Selbst- und Naturerkenntnis“ zusammen,[50] in der „soziospirituellen“ Bewegung des *Ananda Marga* ist der Prozeß der „Umwandlung des Göttlichen in Materie“ auch „umkehrbar“,[51] und im Reformhinduismus des *Sri Aurobindo* wird der „supramentale Übermensch“ angestrebt, die in „konkreten Menschen Gestalt gewinnende Gottwirklichkeit auf Erden“.[52]

Während der Grundton des Christentums die menschen- und weltverändernde Liebe ist, geht es in den östlichen Religionen um das eiserne Schicksal, wo „alles seinen eigenen Lauf nehmen wird“ (Taoismus), und das Karma, das Gesetz der Wiedergeburt, alles bestimmt (Hinduismus und Buddhismus). Der Mensch und die Welt sind nur Maja (Schein) und Anatta (Nicht-Ich). Nur wer sich davon abwendet, erlangt Erlösung. Der Osten selbst hat diese Weltflucht und Ichbezogenheit angegriffen. Die Anhänger des *Konfuzius* sagten mit Recht: „Buddha wußte weder etwas von den Pflichten zwischen Herrschern und Untertanen noch von der Liebe zwischen Vater und Sohn“ und „die Vermögen des Herzens großzuziehen ist eben etwas ganz anderes, als sich mit gesenkten Lidern auf die Nase zu sehen und dabei zu sitzen wie eine Holzskulptur“.

„Wenn wir abwarteten, bis sich alle Menschen nach buddhistischen Lehren richten, so wäre das gleichbedeutend damit, jeden einzelnen zu lehren, ausschließlich nur ichbezogen zu leben.“[53]

Während aber der Buddhismus sittliche Prinzipien vertritt, die ihn in die Nähe des Christentums rücken, wie zum Beispiel „Pflege das Mitleid“ und „Überwinde das Böse mit Gutem“, kommt es bei den modernen Aussteigern in den Neureligionen häufig zur Aufhebung jeglicher moralischen Verantwortung nach dem Grundsatz: „Denke nicht, lebe im Hier und Jetzt.“ Diesem Egotrip entspricht dann die an *Darwin* erinnernde Formel vom „Tüchtigen, der die Macht haben soll“ und von der „Heiligkeit Adolf Hitlers“ *(Bhagwan Shree Rajneesh)*.[54] *Charles Manson*, der Mörder der Filmschauspielerin *Sharon Tate* und ein begeisterter Anhänger des östlichen Mystizismus, hat das Problem auf die einfache Formel gebracht: „Wenn Gott alles in sich vereint, was ist dann schlecht?“[55]

Das Streben nach totaler ethischer Selbstbestimmung – *M. Ferguson* spricht von „government by the self“ – ist in der „New Age“-Bewegung vielleicht da noch ausgeprägter, wo der religiöse Zusammenhang radikal preisgegeben wird. Die „Selbstregierung“ basiert auf der Vorstellung, daß alles relativ ist und daß es keine verbindlichen sittlichen Grundsätze gibt. *M. Satin* hat in seinem „New Age“-Strategiekonzept die Richtung sehr deutlich gewiesen, wenn er sagt: „Ein spiritueller Weg ist für uns gültig, wenn er unseren Bedürfnissen, wie wir sie selbst definieren, angemessen ist.“[56]

„New Age“ müsse das Recht auf Abtreibung, Homosexualität und Polygamie sicherstellen und alle Gesetze gegen Prostitution, Glücksspiele und Drogen aufheben. Der Okkultist *Aleister Crowley* spricht vielen Anhängern der Gegengesellschaft aus dem Herzen, wenn er den neuen kategorischen Imperativ kurz und bündig so formuliert: „Tu, was du willst, soll sein das ganze Gesetz.“[57] Dieser atheistische Humanismus – und das ist das Neue im Vergleich zu *Nietzsche* – paart sich aber häufig mit einem übersteigerten Naturalismus, in dem das Lebensrecht des Tieres und der Pflanze dem Lebensrecht des ungeborenen Menschen übergeordnet wird. Hinter den 40 Millionen Abtreibungen pro Jahr[58] – eine Zahl, die sich durch die neue Ethik noch gewaltig steigern würde – steht häufig die Einebnung des Unterschiedes zwischen Mensch und Tier. Mit Barmherzigkeit gegenüber dem Tier, wie sie das Christentum fordert (Sprüche 12, 10), hat dies nichts zu tun. *Carl Amery*, einer der Vordenker der Alternativbewegung, fordert geradezu die Gleichsetzung von Mensch und Tier mit der Formel: „Wenn du nicht wirst, wie der geringste dieser Schimpansen, wirst du nicht in das Reich eingehen."[59]

Aus diesem naturalistischen Taumel, in dem es keine allgemeinen sittlichen Normen, sondern nur eine selbstgesetzte humanistisch-naturalistische Ethik gibt, die in ihrer ichbetonten Militanz abermals in Menschenverachtung umzukippen droht, wird uns der neue Mensch nicht geschenkt werden, denn „Selbstgestaltung" setzt „Selbstbezwingung" voraus. Der neue Mensch, den wir brauchen, um die Herausforderung unserer Zeit zu bestehen, zeichnet sich nicht einfach durch das aus, was den Menschen vordergründig zum Menschen macht: Intellekt, Wille, gesellschaftliches Verhalten, Selbstverwirklichung. Der neue Mensch erscheint nur dort, wo wir menschlicher werden, wo wir lernen, über uns hinauszuwachsen, uns selbst zu verleugnen und Agape, dienende Liebe, zu leben. Hin- und hergerissen vom Überangebot an Pseudomenschlichkeit aus den verschiedensten weltanschaulichen Lagern, sehnt sich die Menschheit mehr denn je nach „Humanus, dem Heiligen, dem besten Mann, den man mit Augen sah"![60]

Ohne Liebe ist alles vergeblich

Eros, Philia, Agape

Die Sehnsucht nach Agape könnte der Welt in Erinnerung rufen, daß der menschliche Mensch, nach dem wir ausschauen, schon vor langer Zeit über diese Erde gegangen ist, „wohlgetan und gesund gemacht hat alle, die vom Bösen überwältigt waren". „Die Persönlichkeit", sagt der Historiker *M. Grant*, „die nicht nur in der Religionsgeschichte, sondern auch in der Weltgeschichte den mächtigsten Einfluß ausgeübt hat, ist Jesus Christus."[1] „Unschuldiger und gewaltiger, erhabener und heiliger hat es auf Erden nichts gegeben als seinen Wandel, sein Leben und Sterben... das Menschengeschlecht hat keine Erinnerung, welche dieser nur von ferne zu vergleichen wäre." *(L. v. Ranke)*[2]

Aber nicht nur Historiker sind zu diesem Ergebnis gekommen. Die größten Denker und Forscher der Menschheit mußten sich dieser Erkenntnis öffnen. So hat zum Beispiel *Albert Einstein* bekannt: „Ich bin Jude, aber das strahlende Bild des Nazareners hat einen überwältigenden Eindruck auf mich gemacht. Es hat sich keiner so göttlich ausgedrückt wie er. Es gibt wirklich nur eine Stelle in der Welt, wo wir kein Dunkel sehen; das ist die Person Jesu Christi. In ihm hat sich Gott am deutlichsten vor uns hingestellt."[3]

Maßgebende Autoritäten der Gesetzgebung und Moral hat die Menschheit zur Genüge kennengelernt, aber niemanden, der so wie er nicht nur Agape gelehrt, sondern vor allem gelebt hat. Unser Problem ist, daß wir in zweitausend Jahren so wenig aus diesem Leben geschöpft haben. Die Menschlichkeit Christi liegt immer noch als ungenutztes Kapital vor uns. Das Wenige, das Christen davon benutzt haben, bildet Lichtblicke in der ansonsten trostlosen Geschichte menschlicher Schmerzen und Leiden. Im allgemeinen aber waren die, die sich auf Christus beriefen, vergeßliche und schlechte Schüler ihres Meisters.

Angesichts des Abgrunds ist es zwar spät, aber noch nicht zu spät, den zu hören, der gekommen ist, „zu suchen und selig zu machen, was verloren ist“ (Lukas 19, 10). Das „andere Leben“, das er uns vorgedacht und vorgelebt hat, hat in zweitausend Jahren nichts von seiner revolutionären Neuheit eingebüßt. Diese Einsicht hat befreienden Charakter. Die Menschheit braucht keine neuen Programme, sie soll sich nur endlich daran erinnern, daß „die Lösung all unserer heutigen Probleme in der Bibel steht“ *(C. F. v. Weizsäcker)*, und mit den dort gezeigten Auswegen Ernst machen.

Jesus von Nazareth hat den Teufelskreis von „Wie du mir, so ich dir“, von „Jeder ist sich selbst der Nächste“ und von „Nach uns die Sintflut“ durch das „andere Leben“ durchbrochen, das die „andere Liebe“ ist. „Liebe“ gehört wohl zu den am meisten mißbrauchten Worten unserer lieblosen Zeit. Alle reden davon, nur wenige kennen sie, und noch weniger leben sie. Meist wird Liebe mit Sex identifiziert, mit dem triebhaften Verlangen der Geschlechter nach leiblicher Vereinigung. Es wird wohl nicht viele Epochen in der Geschichte gegeben haben, in denen Sex so „in“ war wie heute. Er gilt bei vielen als Patentlösung für alles: „Make love, not war!“ Die Alternativbewegungen plädieren freilich auch für „mehr Sanftmut in der Politik“. Also Liebe als Sympathie, Zärtlichkeit, seelische Beglückung. Die Griechen haben beides unter dem Begriff „Eros“ zusammengefaßt. Eros ist sinnlicher Rausch, ist aber auch seelische Zuneigung. Als solche geht die Liebe über die Geschlechter hinaus und berührt den Freund und Schüler. Der Eros treibt zu Wissenschaft und Kunst, er macht aus dem Gleichklang der Körper und dem Gleichklang der Herzen eine der bewegendsten Erfahrungen menschlichen Lebens. Dennoch ist Eros nicht *die* Liebe.

Jesus hat in seiner Verkündigung der Liebe zum Ehepartner, zu den Eltern, zu den Kindern, zur Natur, zum eigenen Volk weiten Raum gegeben. Daß Menschen einander leiblich und seelisch zugetan sind, ist ihnen vom Schöpfer mitgegeben, im Eros verwirklicht sich sein Wille. Daran ist nichts Anstößiges oder Schlechtes. Merkwürdig aber, daß im ganzen Neuen Testament kein einziges Mal das Wort „Eros“ vorkommt. Die „andere Liebe“ des Jesus von Nazareth ist nicht auf Begehren und Nehmen gerichtet, sondern auf Gabe und Hingabe. Das ist „Philia“, die Liebe, mit der Gott liebt (Johannes 16, 27) und mit der ein Freund um den Freund besorgt ist (Johannes 11, 3. 36). Das ist aber vor allem „Agape“, mit der ein Freund sich für

Fast in allen Bereichen des Geschäftslebens erleichtern elektronische Speicher- un
Sortierprogramme eines Computers diffizile Arbeitsvorgänge, doch stellen sie auch de
Menschen vor neue soziale und psychische Probleme

BZW

den Freund opfert (Johannes 15, 13), ja, mit welcher der Feind geliebt werden soll (Matthäus 5, 44). Dieses im Neuen Testament so häufig gebrauchte Wort war als Substantiv dem klassischen Griechisch unbekannt. Als Verb war es „für den Griechen ein oft völlig farblos gebrauchtes Wort“[4] mit der Bedeutung: gern haben, in Ehren halten, sich zufrieden geben, freundlich begegnen.

Erst das Christentum hat dem Wort „Agape“ einen Inhalt gegeben, der dem des „Eros“ verschieden ist. „Wenn der Eros spricht: Ich liebe dich, weil du so bist und solange du so bist, nämlich jung, hübsch, anziehend, reich oder einflußreich, dann spricht dagegen die Agape: Ich liebe dich, weil du da bist, weil du mir an die Seite gestellt bist und weil wir eine Aufgabe aneinander haben.“[5] Der Eros will begehren und genießen, die Agape ist bereit, zu geben und zu vergeben. Der Eros fordert und will den anderen haben, die Agape dient und will dem anderen etwas sein. Das Anliegen der Agape heißt: „Dienen will ich. Wem will ich dienen? Dem Herrn in seinen Elenden und Armen. Und was ist mein Lohn? Ich diene weder um Lohn noch um Dank, sondern aus Dank und Liebe. Mein Lohn ist, daß ich darf.“ *(W. Löhe)*[6]

Agape ist keine Stimmung, sondern eine Lebenshaltung: Sich jedem Menschen, auch dem Feind, öffnen, ihn so sehen, wie Gott ihn gewollt hat. Agape ist Verantwortung in Barmherzigkeit, Gehorsam in Freude, Treue in Beständigkeit. Durch Mangel an Agape steht die Menschheit am Abgrund. Es gab nie eine Zeit, in der wir sie hätten entbehren können; ihr Mangel war und ist die größte menschliche Not: „Die größte Seuche unserer Zeit ist nicht Lepra oder Tuberkulose. Es ist vielmehr das Gefühl, unerwünscht zu sein, nicht beachtet zu werden und von jedermann verlassen zu sein. Das größte Übel ist der Mangel an Liebe und Barmherzigkeit, die entsetzliche Gleichgültigkeit gegenüber dem Nächsten.“ *(Mutter Teresa)*[7]

Agape beantwortet daher eine der wichtigsten Fragen: Wie werde ich wahrer Mensch? Wie kann ich Leben erhalten, fördern, entwickeln und solches Leben zum höchsten Wert bringen? Große Religionsstifter und bedeutende Philosophen haben immer wieder die eine Frage gestellt und auch immer wieder nur diese Antwort gefunden. Als *Konfuzius* gefragt wurde, was denn eigentlich Menschlichkeit sei, hat er geantwortet: „Die Menschen lieben.“[8]

In der Erläuterung des „achtteiligen Pfades“, der zur Aufhebung des Leidens führen soll, hat *Buddha* auf die Frage, was rechtes Tun sei, die Antwort gegeben: „Das soll unterlassen werden, was Leben zerstört.“[9] „Ohne Stock, ohne Schwert, mitfühlend, voll Teilnahme, hegt der Jünger zu allen lebenden Wesen Liebe und Erbarmen.“[10] Vom „menschenfreundlichen“ *Sokrates* berichtet *Xenophon*, er habe einen mit seinem Bruder Zerstrittenen ermahnt, in „Liebesdiensten“ den Anfang zu setzen und nicht erst auf die Vergebung des anderen zu warten.[11]

Auch der kämpferische *Mohammed* konnte sagen: „Tötet keinen Menschen.“[12] Noch schöner sagt es das Alte Testament: „Du sollst deinen Nächsten lieben wie dich selbst.“[13] Das kann auch der Fremdling sein,[14] ja sogar der Feind im eigenen Volk.[15] Jüdische Schriftgelehrte haben das alttestamentliche Gebot der Nächstenliebe in der Regel auf das eigene Volk beschränkt *(Rabbi Akiba),* aber auch auf alle Menschen ausgedehnt *(Rabbi Ben Azzai).*[16] Die Vollendung erreichen wir aber in der Bergpredigt Jesu, wo es heißt: „Liebt eure Feinde und bittet für die, die euch verfolgen.“[17] Jesu Gebot ist radikal, es gilt ohne Abstriche, weil auch Gott uns ohne Abstriche liebt: „Damit ihr Kinder seid eures Vaters im Himmel. Denn er läßt seine Sonne aufgehen über Böse und Gute und läßt regnen über Gerechte und Ungerechte.“[18]

Diese Konzentration auf das Eine in vorbehaltloser Radikalität zeichnet Jesus und seine Botschaft aus. Er hat die Agape nicht wieder verkürzt wie *Konfuzius*, der meinte: „Nur der, der Menschlichkeit besitzt, kann andere lieben und kann andere hassen.“[19] Für ihn war Agape konkret, lebensverändernd und lebenserhaltend – und nicht wie für *Buddha* ein Sich-Lösen von den Zusammenhängen dieser Welt, die nur wie ein „Schaum des Wassers“ und ein „Phantom in der Luft“ ist.[20] Jesus verlangte in der Agape die totale Erneuerung des Denkens und Handelns und damit das Nein zur Alltagsmoral eines *Sokrates*, für den ein Mann „des höchsten Ruhmes würdig“ war, „wenn er zuvorkommt, den Feinden Schlechtes zuzufügen und den Freunden Gutes“.[21]

In der Agape Jesu gegenüber Freund und Feind[22] war und ist kein Platz für die Rache *Mohammeds*, der seinen Anhängern zurufen konnte: „Und so ihr euch rächen wollt, so rächt euch in gleichem Maße, als euch Böses zugefügt ward.“[23] Jesus hat in seiner Liebe den natürlichen Teufelskreis der Vergeltung durchbrochen. Indem er das Unerwartete tat, gab er den Menschen die Chance innezuhalten, nachzudenken und sich von seiner Liebe überwältigen zu lassen. Er hat freilich damit auch darauf verzichtet, sich mit Gewalt durchzusetzen und hat das Risiko möglichen Scheiterns an Verständnislosigkeit, Haß und Brutalität auf sich genommen. Gleichzeitig hat er aber auch ein Zeichen des Sieges gesetzt, denn wo immer ihm Menschen während der letzten zweitausend Jahre nachgefolgt sind, haben sie die alte Welt ein Stück verändert und uns das andere Leben vorgelebt, das Leben, das nicht schädigt, unterdrückt und zerstört, sondern heilt, befreit und erhält. Dieses Leben ist unsere einzige Hoffnung im Zeitalter der drohenden Welt- und Menschheitsvernichtung.

Agape – Traum oder Wirklichkeit?

Ist aber solches Leben möglich in einer Welt, in der sich jeder selbst der Nächste sein muß, um bestehen zu können, und nur Realpolitik zählt, um Erfolg zu haben? Wenn auch sehr oft gerade in unseren Tagen von „ethischer Politik" die Rede ist – die Worte „Frieden" und „Abrüstung" sind wahrscheinlich den Staatsmännern noch nie so leicht über die Lippen gegangen wie heute –, so muß man doch nach *Machiavelli* eher „Fuchs und Löwe" denn Mensch sein, um in der Politik die Oberhand zu gewinnen.[24] Aber es ist müßig, die Politiker anzuklagen; der Mensch im Alltag verhält sich auf seiner Ebene nicht anders. Jedem geht es um sich und sein Eigentum, oder wie es ein Philosoph des 19. Jahrhunderts gesagt hat: „Mir geht nichts über mich."[25]

Die meisten Menschen meinen auch, daß dies völlig in Ordnung sei. Wir konjugieren nicht nur in der Grammatik richtig, wenn wir sagen: Ich, du, er. Die Grammatik der Agape: Er (Gott), du (der Nächste), ich, erscheint den meisten als unmöglich, weltfremd, illusorisch. Das mögen auch die Zuhörer der Bergpredigt so empfunden haben, denn es heißt, daß sie Jesu Gebote: „Liebet eure Feinde" (Matthäus 5, 44) und „Alles nun, was ihr wollt, daß euch die Leute tun sollen, das tut ihnen auch!" (Matthäus 7, 12) mit Staunen, Erschrecken und Entsetzen aufgenommen haben (Matthäus 7, 28).

Die zeitgenössische jüdische Theologie lehrte ja etwas ganz anderes. Die radikalen Essener vom Toten Meer forderten „ewigen Haß gegen alle Männer des Verderbens",[26] d. h. gegen die Nicht-Essener. Die etwas milderen Pharisäer legten das alttestamentliche Gebot „Du sollst dich nicht rächen noch Zorn bewahren gegen die Kinder deines Volks" (3. Mose 19, 18) so aus, daß sie hinzufügten: „Du darfst Rache üben und Zorn nachtragen gegen die anderen"[27], d. h. gegen die Volksfremden. Jesus hatte wahrscheinlich den Kern dieser Auslegung im Auge, wenn er sagte: „Ihr habt gehört, daß gesagt ist: ‚Du sollst deinen Nächsten lieben' und deinen Feind hassen. Ich aber sage euch: Liebt eure Feinde."(Matthäus 5, 43. 44)

Wir alle spüren: Es müßte gut sein, in einer solchen Welt zu leben, in der die Menschen großherzig sich selbst vergessen, zu anderen freundlich sind, ohne auf Gegenleistungen zu rechnen, bei ihrer Hilfe nicht nach Sympathie auswählen und sich sogar von Ablehnung und Feindseligkeit nicht beirren lassen. Eine solche Welt hat Jesus von Nazareth verheißen, ja, er hat seinen Nachfolgern geboten, diese Welt jetzt schon zu leben. Aber kann man Liebe gebieten? Liebe entsteht doch spontan! Und kann man eigentlich alle lieben? Liebe ist Auswahl! Kann Liebe wirklich auch dem Feind gelten? Liebe sehnt sich nach Gegenliebe!

Auf den ersten Blick scheint es daher nicht weiter verwunderlich, wenn die meisten meinen, Jesus habe den Menschen eindeutig überfordert und die Welt verkannt. Es ist zwar schön, gut sein zu wollen, aber weder der Mensch noch die Verhältnisse sind danach!

Der jüdische Jesusforscher *J. Klausner* meint daher, daß die Ethik des Jesus von Nazareth nicht durchführbar sei. Mag sie auch noch so ehrfurchtgebietend sein – für das Volks- und Staatsleben sei sie nicht zu gebrauchen. Der vom Christentum zum Heidentum abgefallene Kaiser *Julian* hat zwar die heidnischen Priester ermuntert, die Barmherzigkeit der Christen nachzuahmen, die Feindesliebe aber als Umsturz von Gesetz und Gerechtigkeit verworfen. Die katholische Kirche hat an der Ausführungsmöglichkeit der Ethik Jesu festgehalten, aber mit Aufkommen des Mönchtums im vierten Jahrhundert eine Zweistufenethik eingeführt. Man unterschied zwischen Gerechten und Vollkommenen. Den ersten, den Gläubigen, gilt zwar auch das Liebesgebot als Zusammenfassung der Zehn Gebote, aber nur den zweiten, den Mönchen, gilt es in der Radikalität der Bergpredigt, die sich in den sogenannten „evangelischen Räten", zum Beispiel im Armutsideal, zeigt.

Nicht alle Christen haben freilich diese doppelte Moral akzeptiert. Schon die Waldenser des Mittelalters haben das Liebes- und Opferideal der Bergpredigt wieder für alle Christen als verbindlich erkannt, wenn sie sagten, es gelte „nackt dem nackten Christus zu folgen".

Auch *Luther* hat die Teilung der Nachfolge als unbiblische „Vermessenheit und Mutwillen" abgelehnt, „denn Christi Worte sind bestimmt für jedermann, er sei ‚vollkommen' oder ‚unvollkommen'. Denn Vollkommenheit und Unvollkommenheit besteht nicht in Werken, macht auch keinen besonderen äußerlichen Stand unter den Christen, sondern besteht im Herzen, in Glauben und Liebe, so daß wer mehr glaubt und liebt, der ist vollkommen, er sei äußerlich ein Mann oder Weib, Fürst oder Bauer, Mönch oder Laie. Denn Liebe und Glaube machen keine Trennungen noch äußerliche Unterschiede."[28]

Für *Luther* hat die radikale Agape der Bergpredigt allgemein verbindlichen Charakter für alle Nachfolger: „Eigentlich sagt er's [Christus] nur seinen lieben Christen. Die nehmen's auch allein an und tun auch danach."[29] Nach *Luthers* Lehre von den zwei Reichen lebt der Christ vor Gott und den Mitmenschen ohne Machtmittel allein aus der Liebe. Geht es aber um den Nächsten, dessen Hab und Gut, Recht und Ehre bedroht sind, dann gebietet die Liebe geradezu, weltliche Machtmittel zum Schutz des Gefährdeten einzusetzen.

Diese Bewegung der christlichen Existenz auf zwei Ebenen, der Ebene der Zwischenmenschlichkeit und jener der Staatsbürgerlichkeit, wurde wiederum von der radikalen Täuferbewegung der Reformationszeit abgelehnt. In den „Schleitheimer Artikeln" von 1527 forderten die oberdeutschen Täufer die Absonderung von den Großkirchen und vom Staat. Um Christi Liebesgebot leben zu können, forderten sie für Christen den totalen Gewaltverzicht. „Die Mitglieder der Gemeinde müssen unter allen Umständen dem Gesetz der Liebe und dem Beispiel Christi in seinem gewaltlosen Leiden folgen."[30] Um dies konsequent durchhalten zu können, verlangten sie im Gegensatz zu den Reformatoren den Verzicht auf jegliche Beteiligung an den Geschäften des Staates.[31] Diese Einengung haben sie aber bis in die Gegenwart durch einen heroischen Einsatz für

Frieden und Gewaltlosigkeit ausgeglichen. Die moderne Christenheit freilich ist ihrem Beispiel nicht gefolgt.

Schon die lutherische Orthodoxie des 16. und 17. Jahrhunderts konnte durch die Überbetonung des sogenannten theologischen Brauchs des Gesetzes im Liebesgebot der Bergpredigt nur einen „sündenaufdeckenden Beichtspiegel“ sehen. Da niemand das Gebot Christi erfüllen kann, dient es nur dazu, des Menschen sittliche Unzulänglichkeit aufzudecken und ihn als Sünder zu überführen. Von hier aus erklären sich manche modernen Relativierungen des Liebesgebotes. Im ersten Weltkrieg sprach man von einem „Moratorium“, einem Aussetzen der Bergpredigt.

Albert Schweitzer faßte Jesu Gebot als „Interimsethik“ auf, als Ethik nur für die Zeit der apokalyptischen Krise. *Max Weber* wiederum wollte „Gesinnungsethik“ von „Verantwortungsethik“ trennen, d. h. unpolitische Gesinnung der Liebe von politischer Verantwortung bis zur Gewalt. *Friedrich Naumann* gar wollte Jesu Forderung zeitlich und örtlich nur auf die jüdische Welt des kleinen Galiläa vor zweitausend Jahren beschränken.

Im Gegensatz dazu hat *Dietrich Bonhoeffer* vor dem zweiten Weltkrieg klar und deutlich von einem „zwingenden, herrschenden Wort“ gesprochen, von dem er freilich später meinte, daß es um der politischen Verantwortung willen auch den Buchstaben überschreiten könne und dennoch Liebesgebot bleibe. Jede Einschränkung des Liebesgebotes in der einen oder der anderen Richtung muß aber am Beispiel Jesu selbst scheitern. Jesus hat, was er verkündigt und gefordert hat, in einzigartiger Weise auch selbst gelebt. Wer Jesus richtig verstehen will, muß davon ausgehen, daß das, was er sagt und tut, auch gilt. Für uns ist das Auseinanderklaffen von Lehre und Leben der „weltgeschichtliche Notstand“ *(E. Stauffer),* für ihn nicht. Er liebte Freund und Feind bis zum Ende (Johannes 13, 1).

In Jesus zeigte sich, daß Agape nicht einfach nur Sympathie ist, sondern konsequente Annahme, so wie Gott annimmt. Solche Liebe ist zwar kein Synonym für Erfolg, aber der einzig gangbare Weg, um den Frieden zu gewinnen, ohne dabei den Menschen zu verlieren. Dafür hat er der Versuchung widerstanden, die Gewalt und Macht der Welt einzusetzen (Matthäus 4, 8), um Ordnung zu schaffen, wie es so schön heißt. Ungeschützt hat er sich den Menschen zugewandt, Gott war ihm Schutz genug. Wehrlos ging er auf seine Feinde zu, noch im Sterben hat er für sie gebetet (Lukas 23, 34). „Solche Liebe nimmt das Böse ans Herz und zerdrückt es."[32] Die hellen Kapitel der christlichen Kirchengeschichte, die Kapitel der Friedensstifter und Menschenfreunde, bestätigen den Weg des Jesus von Nazareth. Wo immer man sich dem Haß, der Gewalt, der Zerstörung und Vernichtung im Geist des Erbarmens um Gottes und der Menschen willen entgegenstemmt, ist Christus durch seine Jünger aktiv. Agape ist darin kein Traum, sondern Wirklichkeit. Und so weit ein Christ auch oftmals hinter seinem Meister zurückbleiben mag, er weiß, daß er dessen Rede nicht nur hören, sondern tun soll (Matthäus 7, 21. 24).

Das aufrichtige Bemühen, das Liebesgebot Jesu ernst zu nehmen, hat freilich schon oft in der Geschichte Menschen ins andere Extrem getrieben. Sprachen die einen, wie wir gesehen haben, von der Unerfüllbarkeit der Bergpredigt, redeten die anderen von einer „Politik der Bergpredigt", von Imperativen, die es nicht nur im privaten Leben zu erfüllen gelte, sondern die als „politischer Sprengstoff" *(Franz Alt)* die gesellschaftlichen Strukturen auf- und umbrechen sollen. Das Liebesgebot des Nazareners als das bessere politische Programm, die ethische Anweisung für jedermann, der guten Willens ist! Diese Denkrichtung geht grundsätzlich von einer richtigen, ja der einzig richtigen Erkenntnis aus: Nur durch eine Revolution der Liebe werden wir wahrhaftig Menschen und vermögen heilend in die Welt hineinzuwirken.

„Es gibt nur eine Rettung für unser Geschlecht: Sie liegt in der Rückkehr zu einem Leben der Bergpredigt von Jesus Christus." *(Dwight D. Eisenhower)*[33] „Wer die Prinzipien des Urchristentums in sein öffentliches Amt einbringt, wird das Gesicht der Welt verändern." *(Ronald Reagan)*[34] Dieses Denken zeugt aber auch von beträchtlicher Naivität. Die Bergpredigt und damit die Radikalität ihrer Liebe ist nicht einfach eine Möglichkeit für „emanzipierte Frauen und Männer",[35] sondern sie ist Lehre für die Jünger (Lukas 6, 20). Die Revolution, die Jesus fordert, bricht nicht aus dem guten Willen des Menschen hervor, sondern sie ergreift ihn von oben. Sie besteht geradezu in der Umkehrung des Willens, des bösen und des guten – und damit letztlich eben aller menschlicher Möglichkeiten – hin zur „Unmöglichkeit", die Gott allein durch seinen Geist möglich machen kann: Agape, Nächsten- und Feindesliebe!

Nach Jesus Christus ist der neue Mensch nicht ohne Gott zu schaffen. Nur weil wir an Gott, dem barmherzigen Vater, lernen, was Liebe eigentlich ist, können wir wirklich lieben. „Seid barmherzig", sagt Jesus, „wie auch euer Vater barmherzig ist." (Lukas 6, 36) Wer an Gott vorbei zum Menschen will, überfordert sich und muß in der Theorie steckenbleiben. Der Apostel Paulus, der Verkündiger des Hohenliedes der Agape (1. Korinther 13), wußte aus eigenem Erleben, wie unfähig der Mensch trotz bestem Bemühen auf diesem Gebiet ist. Die einzige Hilfe, die er für die Umsetzung ins Leben anzubieten hatte, lautete damals nicht anders als heute: Wir sind nicht von uns selbst aus tüchtig, sondern „daß wir tüchtig sind, ist von Gott" (2. Korinther 3, 5).

Man kann die Herzen für die Moral der Bergpredigt nicht „ausbilden", wie es der religiöse Sozialismus des 19. Jahrhunderts wollte. Auch in der Gegenwart greift man zu kurz, wenn die katholische Befreiungstheologie das Schwergewicht von religiöser Erlösung auf politische Befreiung verlagert und die prostestantische politische Theologie Gott auf Mitmenschlichkeit reduziert („Gott ist nicht, Gott geschieht"). Bevor man Agape leben kann, muß man an sie glauben. Vor die vielen Nullen unserer menschlichen Unfähigkeit muß die große Eins der göttlichen Gabe gesetzt werden, um den Reichtum der Liebe zu schaffen, den Jesus verschenkt hat. Der Mensch ist von sich aus dazu gänzlich unfähig. Er ist, wie *Martin Luther* sagte, „eingekrümmt" auf sich selbst. Er ist in seinem natürlichen Fühlen und Denken auf sich geworfen und in sich selbst verliebt. Das Alte Testament nennt dies das „böse Sinnen und Trachten" des menschlichen Herzens (1. Mose 8, 21), und im Neuen Testament spricht es von den „bösen Gedanken", die aus dem Herzen kommen (Matthäus 15, 19). Das heißt nicht, daß jeder Mensch unmoralisch ist und handelt. Die Gesellschaft muß davon ausgehen, daß Gut und Blut unverfügbar sind und daß jeder, der sich hier schuldig macht, auch zu Recht verurteilt wird. Aber Agape ist nicht einfach bürgerliches Wohlverhalten, sondern die am Nächsten, ja sogar am Feind bewiesene Dankbarkeit für Gottes Erbarmen und Güte. Darum preist Jesus am Anfang der Bergpredigt diejenigen glücklich, die „sich innerlich arm wissen im Geist" (Matthäus 5, 3, Bruns), d. h. die durch den Geist Gottes in sich von ihrer Armut überzeugt worden sind und sich das, was Gott fordert, von ihm schenken lassen. Gott muß zuerst geben, und der Mensch muß empfangen, bevor dann auch er, über sich hinauswachsend, zu geben vermag.

Augustinus, der wie wenige die menschliche Ohnmacht und den Triumph der Gnade in seinem eigenen Leben erfahren hat, faßt es in einem einzigen Satz zusammen, wenn er sich an Gott wendet und sagt: „Gib, was du befiehlst, und dann befiehl, was du willst."[36] Darum ist die Kardinalfrage nicht so sehr, ob das Liebesgebot der Bergpredigt erfüllt oder nicht erfüllt werden kann, sondern ob wir Gott und seine verändernde Kraft in unser Leben hereinnehmen wollen, um aus unserer Unmöglichkeit zu Gottes Möglichkeit zu gelangen. Zu Recht sagt *Alexander Solschenizyn*: „Alle Versuche, einen Ausweg aus den Problemen der heutigen Zeit zu finden, sind zwecklos, ohne die Umkehr des Menschen zum Schöpfer aller Dinge."[37]

Aber Gott brauchen wir nicht nur als Geber einer neuen Gesinnung und neuen Tuns, sondern wir brauchen ihn als den beständigen Bezugspunkt, damit wir in Grenzsituationen nicht wieder umkippen und auf uns selbst zurückfallen. Sollten wir aber trotzdem versagen, so brauchen wir ihn erst recht, um durch seine Vergebung wieder neu beginnen zu können. Um der Liebe verpflichtet zu bleiben, muß ich den stets vor Augen haben, der die Liebe ist (1. Johannes 4, 8. 16). Agape als Lebenshaltung ist damit nicht an menschlichem, sondern an göttlichem Maß zu messen. Darum hat Agape etwas zu tun mit der Verwirklichung von Gottes Geboten. Wer liebt, hält Gottes Gebote! Jesus sagt: „Liebt ihr mich, so werdet ihr meine Gebote halten." (Johannes 14, 15) Als letzte Norm gilt nicht das relative Gewissen, sondern das absolute Gebot Gottes. Damit wird Agape unverfügbar. Sie kann sich zum Unterschied vom Eros nicht wieder abwenden, sondern aus Dankbarkeit und Verantwortung bleibt sie an der Welt und am Menschen, weil Gott auch an der Welt und am Menschen bleibt. Wer hingegen nur den Menschen als Maß aller Dinge gelten läßt, für den wird Liebe hinterfragbar und verfügbar. Ihm fehlt dann nicht nur die Verbindung mit dem, der durch seine Liebe in uns Liebe schaffen kann, sondern auch das letzte Maß, woran sich Liebe orientieren muß. „Wenn die Ethik von Gott losgelöst wird", schreibt der Theologe *F. Flückiger,* „verliert sie ihren verpflichtenden Anspruch ... Es gibt dann nur noch das auf sich selbst gestellte Ich, das kein ‚du sollst' mehr vernimmt, sondern nur noch das wertfreie ‚ich will' oder ‚mich gelüstet' oder ‚es treibt mich'."[38] Gerade diese Lust- und Machtethik aber können wir uns nicht leisten, wenn der Menschheit wirklich geholfen werden soll. Agape ist weder menschlicher Traum noch menschliche Wirklichkeit, sondern Gottes Angebot im Gebot: Du sollst als Mensch, weil du mit Gott kannst!

Agape ist Nachfolge

Ist also Agape nicht die Wirklichkeit des Menschen guten Willens, sondern des Menschen, der sich beschenken läßt, dann ist sie nur über die Nachfolge Jesu Christi zu haben. Das bedeutet Lebensgemeinschaft des Jüngers mit dem Meister. Dem Meister vertrauen, auf ihn hören, über sein Wort nachdenken, ihm gehorchen. „Wenn ihr euch an mein Wort haltet", sagt Jesus, „seid ihr wirklich meine Jünger." (Johannes 8, 31, GN) Die Zwölf (Lukas 6, 13), die Siebzig (Lukas 10, 17), die Hundertzwanzig (Apostelgeschichte 1, 15), später die Dreitausend (Apostelgeschichte 2, 41) und die Fünftausend (Apostelgeschichte 4, 4) hatten damals den Ruf zur Nachfolge gehört, hatten auf Selbstbestimmung verzichtet und waren trotz aller menschlichen Widerstände in die Fußtapfen des Jesus von Nazareth getreten. Das geschah nicht kollektiv, sondern individuell („Folge *du* mir nach"). Aus diesem Grunde kann die Agape der Bergpredigt auch nur ein individuelles Ereignis sein. Im Vergleich zur uneinsichtigen, trägen, egoistischen Masse ergibt dies nur die „kleine Herde" (Lukas 12, 32) – damals wie heute! „Die echten Christen sind nicht so verbreitet", sagt *Martin Luther*, „daß so viele sich auf einen Haufen versammeln sollten; ein Christ ist ein seltener Vogel."[39]

Ist damit Agape zur Macht- und Bedeutungslosigkeit verurteilt? Was können schließlich schon eine Handvoll Leute zur Veränderung der Welt bewirken? Sollte man da nicht seine Hoffnung auf den christlichen Staat, die christliche Gesellschaft und die christlichen Parteien setzen? Wenn aber das oben Gesagte von der Nachfolge als persönlicher, individueller, vom Geist Gottes geschenkter Entscheidung richtig ist, dann gibt es – und die Erfahrung beweist es – keine christlichen, sondern nur christianisierte Staaten und Gesellschaften. Solches Christentum, das sich äußerlich auf Christus beruft, ihn aber durch Inquisition, Kreuzzüge und Ausrottungskriege verleugnet, ist eher ein Ärgernis für die Welt. Aber selbst wenn dem nicht so wäre und es tatsächlich einen christlichen Staat gäbe, könnte es doch nicht seine Aufgabe sein, Nächsten- und Feindesliebe zu üben. Wenn die öffentliche Ordnung aufrechterhalten werden soll, dann muß der Staat Verbrechen ahnden und den Verbrecher bestrafen. Damit erfüllt er einen göttlichen Auftrag (Römer 13, 1–7).

Genauso aber soll der Christ auch seinen Auftrag als Mitmensch erfüllen und den Gefallenen und Verirrten lieben (Römer 13, 8–10). Dem Staat kommt es letztlich auf Vergeltung an, dem Christen auf Vergebung. Als Staatsbürger bejaht der Nachfolger Jesu die Notwendigkeit der staatlichen Minimalethik („Strafe muß sein"), aber als Christ übertrifft er sie durch die Radikalethik der Bergpredigt („Du sollst deinen Feind lieben").

Diesen Unterschied kennt schon das Alte Testament. In der Thora, der „Wegweisung" des Gesetzes Gottes an Israel, findet sich die Rechtsordnung („Auge um Auge, Zahn um Zahn") neben der persönlichen Ethik des Dekalogs (Zehn Gebote), der im Liebesgebot gegenüber Gott und dem Mitmenschen zusammengefaßt werden kann. Auch Jesus trennt zwischen dem, „was des Kaisers ist", und dem, „was Gottes ist" (Matthäus 22, 21). Beide Bereiche sind Gott unterstellt. Den staatlichen lenkt er, wie *Luther* einmal sagte, mit der „linken Hand", weil er der zeitliche und sekundäre ist, den religiösen aber, welcher der ewige und erstrangige ist, regiert Gott mit der „Rechten", d. h. dort verwirklicht er an und durch Menschen seinen Liebeswillen. Beide Bereiche muß man unterscheiden, aber man darf sie weder vermengen noch auseinanderreißen. Weder ist es dem Staat erlaubt, das Gewissen zu vergewaltigen – in einem solchen Fall müßte man Gott mehr gehorchen als den Menschen (Apostelgeschichte 5, 29) –, noch dem Nachfolger Jesu, die Augen zu verschließen vor dem, was im Staat und durch den Staat geschieht. Christen sollen mit Wort und Tat in den Staat, die Gesellschaft, die Politik hineinwirken und damit jetzt schon „Friedensstifter" (Matthäus 5, 9), „Mahner" (Lukas 6, 24. 25), „Tröster" (Lukas 6, 20–22) und „Heiler" (Matthäus 25, 35–40) sein.

Welche Dynamik und Durchschlagskraft dabei der einzelne erzielen kann, beweist das Leben und Wirken Jesu, das die Welt verändert hat. Jesus, der Mann aus Nazareth, war kein Fürstensohn wie

Buddha, kein Hofbeamter wie *Konfuzius*, kein reicher Kaufmann wie *Mohammed*, sondern ein Zimmermann (Markus 6, 3), ein Arbeitersohn, ein Kind des Volkes. Dennoch hat er das Denken und Handeln der Menschen nachhaltiger geprägt als alle anderen Religionsstifter, Philosophen und Herrscher der Weltgeschichte. Die großen Friedenswerke unserer Zeit, *Henri Dunants* Rotes Kreuz, *Gandhis* politische Unabhängigkeitsbewegung durch Gewaltlosigkeit, der religiöse Pazifismus der Täufer und Quäker, sie sind alle zutiefst von der Bergpredigt Jesu beeinflußt. Der Nazarener, der nicht aus den geistigen Zentren der damaligen Welt, Rom, Athen, Alexandrien, sondern aus dem unbekannten Galiläa kam, hat die Herzen von Menschen in aller Welt bewegt. Wer einmal dem Beispiel seiner Liebe und seines Erbarmens gefolgt ist, ist nicht mehr derselbe Mensch.

Napoleon, sicherlich ein Jahrtausendmensch, wenn auch im negativen Sinne, hat in seiner Verbannung auf St. Helena einmal gesagt: „Ich habe die Massen, die für mich starben, zu entflammen gewußt. Aber zu dieser Begeisterung bedurfte es meiner Gegenwart, des elektrisierenden Blickes; ein Ton, ein Wort von mir, konnte das Feuer in den Herzen entflammen . . . Ja, ich besitze das Geheimnis dieser magischen Gewalt, welche die Geister fortreißt; aber das kann ich niemand vererben; keiner meiner Generäle hat es von mir erhalten oder mir abgesehen. Ebensowenig habe ich das Geheimnis, meinen Namen und meine Liebe in den Herzen zu verewigen. Nun, da ich auf St. Helena weile . . . wer schlägt nun Schlachten, wer erobert Reiche für mich? Wer regt sich überhaupt noch in Europa? Und in fünfzig Jahren – wer möchte da noch für mich sterben wollen? Montolon, ich verstehe mich ein wenig auf Menschen, und ich sage Ihnen: Dieser Christus war mehr als ein Mensch.“[40]

Jesus, der Mann aus Nazareth, war auch kein Plutokrat und Krösus. Er besaß nur ein einziges Gewand und hatte kein richtiges Zuhause. „Die Füchse haben Gruben, und die Vögel unter dem Himmel haben Nester; aber der Menschensohn hat nichts, wo er sein Haupt hinlege.“ (Lukas 9, 58) Dennoch hat er durch seine Armut viele, die auf ihn trafen, reich gemacht.

Ein ganz besonderes Verhältnis hatte er zum kranken Menschen. Er „ist umhergezogen und hat Gutes getan und alle gesund gemacht . . .“, schreibt der Arzt Lukas (Apostelgeschichte 10, 38).

Adventisten – Christen, die den Dienst mit der Waffe verweigern, bewiesen und beweisen, daß man zwar den Frieden nicht erzwingen kann, sich wohl aber für ihn nicht nur mit Worten, sondern auch durch Taten einsetzen muß. Je mehr „Friedensstifter" in der Nachfolge Jesu wirken, desto größer ist die Chance, Streit und Krieg zu vermeiden.

Jesus, der Mann aus Nazareth, suchte nicht die Anerkennung des „Establishments", der Reichen und Großen. Gegen die Ausbeuter und Unterdrücker des Volkes nahm er kein Blatt vor den Mund (Lukas 13, 31. 32). Er erbarmte sich der Ausgestoßenen, der Entrechteten, des unwissenden Volkes, um das sich niemand kümmerte und das die Schriftgelehrten verachteten (Johannes 7, 49). Die Kinder liebte er (Markus 10, 13–16), die Frauen nahm er an (Lukas 7, 36–50), und darum folgten sie ihm nach und dienten ihm (Lukas 8, 1–3). Er solidarisierte sich mit den Armen und lebte seine Armut wie selbstverständlich. Er kokettierte nicht mit ihr wie der Philosoph *Diogenes*, er war auch nicht mit ihr „verheiratet" wie *Franz von Assisi*, betrachtete sie aber als einen Weg, um die Menschen dort abzuholen, wo sie waren und sind.

Indem er für andere lebte, lebte er wirklich, denn „wer sein Leben liebt, verliert es; wer aber sein Leben in dieser Welt haßt, wird es zu ewigem Leben bewahren" (Johannes 12, 25, Menge). Immer wieder haben Nachfolger Jesu die Wahrheit dieses Wortes erfahren. „Als ich anfing, für andere zu leben", sagt *Johannes Falk*, der Freund der heimatlosen Kinder, „habe ich erst angefangen zu leben." Und solches Leben hat die Welt verändert. Wenn England im 18. Jahrhundert eine Revolution wie die französische erspart geblieben ist, dann dank des Wirkens von *John Wesley*, des unermüdlichen Predigers für die Armen.

In der methodistischen Sozialethik war bereits der Schritt vom Almosen zur Wohlfahrt, zum Kampf gegen Ausbeutung und Arbeitslosigkeit angelegt. Den Gestrauchelten, die hinter Gefängnisgittern dahinvegetierten und oft ohne Hoffnung entlassen wurden, galt die besondere Aufmerksamkeit. Namen wie *Theodor Fliedner, Elisabeth Fry* und *Mathilda Wrede* haben sich in das Buch der Menschlichkeit eingeschrieben. Dem sozialen Elend des 19. Jahrhunderts traten in Deutschland *Johann Hinrich Wichern,* der Begründer der Inneren Mission, und in England *William Booth,* der Gründer der Heilsarmee, entgegen. *Georg Müller* gründete um dieselbe Zeit aus einem unbegrenzten Vertrauen zu Gott seine Waisenhäuser. Das Problem der Sklaverei, das bis ins 19. Jahrhundert ungelöst geblieben war und eine Schande der christlichen Staaten darstellte, wurde von bekennenden Christen aufgegriffen und bekämpft. *William Wilberforce,* ein zutiefst gläubiger Politiker, erzielte Anfang des 19. Jahrhunderts ein Verbot des Sklavenhandels, und unter den amerikanischen Abolitionisten, die für die Befreiung aller Sklaven eintraten, waren viele Vertreter der Freikirchen. Die führenden Köpfe der ersten und zweiten Adventbewegung *(Josiah Litch, Charles Fitch, Joshua Himes, Ellen G. White)* waren eifrige Verfechter der Sklavenbefreiung.

Jesus von Nazareth hat bei aller Menschenliebe seine Botschaft mit Ernst und Entschiedenheit verkündigt. Er forderte radikale Umkehr (Lukas 13, 1–5) und radikale Nachfolge (Matthäus 19, 21). Halbheit ist Verlorenheit (Lukas 9, 62). Der Wille Gottes, wie er im Gesetz Gottes niedergelegt ist, muß erfüllt werden (Matthäus 7, 21). Wer den Ruf zur Umkehr zurückweist, wird verlorengehen (Matthäus 11, 20–24; 12, 41. 42). Nie wäre es ihm eingefallen, zu sagen, jeder könne nach seiner Fasson selig werden, und die Menschen kämen alle, alle in den Himmel. Aber Jesus hat seinen Anspruch auf Wahrheit nicht mit Gewalt durchgesetzt. Er hat die Priester und Schriftgelehrten seiner Zeit radikal angegriffen (Matthäus 23, 1–39), aber genauso radikal jede Gewaltanwendung abgelehnt (Lukas 9, 51–56).

Jesus trat ein für Freiheit *und* Verantwortung. Die großen christlichen Volkskirchen, die Kirchen der Inquisition, Kreuzzüge, Gegenreformation und Intoleranz haben ihn auf diesem Gebiet jahrhundertelang verraten. Aber es sind auch Christen gewesen, die schon vor der Aufklärung des 17./18. Jahrhunderts *(Locke, Voltaire)* für Meinungs- und Gewissensfreiheit eingetreten sind.

Als der Baptist *Roger Williams* 1636 die Kolonie Rhode Island gründete, leuchtete das urchristliche Licht der Freiheit auf amerikanischem Boden wieder auf. Dort konnten sich alle Verfolgten ansiedeln, und von dort hat das protestantische Amerika der Welt das Beispiel religiöser Toleranz geschenkt. Ähnliches war in Mitteleuropa schon von den Täufern in der Reformationszeit gefordert worden, aber die blutige Verfolgung durch die katholischen und die evangelischen Kirchen hatte alle diese Versuche erstickt. Wenn Christen heute für religiöse und weltanschauliche Freiheit eintreten, stehen sie oft gegen die Intoleranz anderer Religionen und Weltanschauungen. In der Nachfolge Jesu machen sie unsere Welt menschenwürdiger und freier.

Freilich ist Nachfolge Jesu kein Synonym für Erfolg. Daß der, der den Menschen nur Gutes getan und sich unermüdlich für sie eingesetzt hatte, zuletzt, obwohl unschuldig, ans Kreuz geschlagen wurde, kann doch nur heißen, daß auch seine Nachfolger keinen Dank erwarten dürfen (Johannes 15, 18–20). Trotzdem dürfen sie nicht nachlassen. Ihr Wirken ist die einzige Chance, daß in dieser Welt Agape hier und dort Wirklichkeit wird. „Das Leben Jesu Christi ist auf dieser Erde noch nicht zu Ende gebracht. Christus lebt es weiter in dem Leben seiner Nachfolger.“ *(D. Bonhoeffer)*[42]

Der großen Weltwende entgegen

Das Geheimnis des Reiches

Das Liebesgebot in der Verkündigung Jesu Christi ist keine für sich stehende und von der Beziehung zum Weltlauf getrennte ethische Forderung, sondern die Haltung des Nachfolgers, der an die Botschaft Jesu vom Reich Gottes glaubt. Zugleich aber ist die Liebe die Herausforderung zu solchem Glauben, denn durch die einzigartige Geschlossenheit von Lehre und Leben in der Verkündigung Christi wird der Hörer aufgerufen, Glauben zu wagen, d. h. er wird durch die Betrachtung dieses einmaligen Lebens ermutigt, dem Verkündiger und seiner Botschaft zu vertrauen. Was aber heißt „Botschaft vom Reich Gottes"? Als Jesus von Nazareth an die Öffentlichkeit trat, verkündigte er das Kommen der „Basileia tou Theou", der Königsherrschaft Gottes (Markus 1, 14. 15) oder der Königsherrschaft der Himmel (Matthäus 4, 17). So wurde seine Botschaft zum „Wort vom Reich" oder von der „Königsherrschaft" (Matthäus 13, 19). Dieses „Wort vom Reich" durchzieht seine ganze Verkündigung bis zum Ende seines Erdenlebens (Matthäus 26, 29).

Bei „Reich" darf man aber weder an eine äußere geographische oder politische Einheit noch an einen inneren Seelenzustand denken, sondern das Reich oder die Königsherrschaft ist Gottes aktives Wirken, das zu einer grundlegenden Wende unter den Menschen führen soll. Reich ist Weltwende, „Stunde des Heils" *(G. Bornkamm)*, „Revolution von oben" *(H. G. Pöhlmann)*, der „neue Zustand der Dinge" *(J. Schniewind)*.

Genausowenig wie Agape, die Gesinnung und Haltung der Gottesherrschaft, eine Möglichkeit des natürlichen Menschen ist, ist es das Reich selbst, denn die große Weltwende ist die Gabe des Wunderbaren, das die Menschen aus sich selbst nicht hervorbringen können, ja, im Grunde ihres Herzens gar nicht zu hoffen wagen – die Überwindung der Entfremdung von Gott, Natur und Mitmensch, das Ende von Schuld, Krankheit, Leid und Tod. Gottesherrschaft ist Freude über den Sieg der Gerechtigkeit, über den Frieden unter den Menschen und in der Natur, über die Freiheit vom Haß und die Freiheit zur Liebe, über die ewige Gemeinschaft der Geschöpfe mit dem Schöpfer.

Unsere Erfahrung beweist, daß wir Menschen dies nicht schaffen können, aber das Leben des Jesus von Nazareth beweist, daß es nicht Illusion und Traum ist, denn er selbst ist die Gottesherrschaft (Lukas 17, 20. 21). In den Machttaten des Erniedrigten, in der Verkündigung des Gewaltlosen, in der Liebe des Selbstlosen ist vorgreifend schon die universal-kosmische Weltwende vorgegeben (Matthäus 12, 28). Was Jesus zu seiner Zeit an einzelnen tat – Heilung von Kranken, Befreiung von Besessenen, Auferweckung von Toten –, wird er am Ende, eigentlich am „Ziel“ (vom griechischen Wort „telos“), mit der ganzen Welt tun. Die ganze Welt soll eines Tages gesund werden, befreit vom Bösen und von der Bedrohung des Todes. Darum kann man sagen, die Gottesherrschaft ist schon da und ist doch noch nicht da. Im Begrenzten und Kleinen hat sie Jesus Christus schon vorgelebt, aber weltweit und im Großen ist sie noch zukünftig. Der Anfang ist gesetzt mit der uns verwandelnden Agape, mit der Neuschöpfung von Gesinnung und Haltung (2. Korinther 5, 17). Der Höhepunkt wird aber erst erreicht sein, wenn aus dieser alten Welt ein neuer Himmel und eine neue Erde in Gerechtigkeit entstehen wird (2. Petrus 3, 13). So steht die Botschaft vom Reich, wie *Oskar Cullmann* sagt, in der Spannung von „schon erfüllt“ und „noch nicht erfüllt“.[1]

Weil die Gottesherrschaft eben keine menschliche Möglichkeit ist, sondern Gabe des Wunderbaren, darum ist sie ein Geheimnis (Matthäus 13, 11). Sie kann nicht berechnet, produziert oder gar manipuliert werden. Sie erschließt sich nur denen, die sich auf diese Botschaft einlassen, die bereit sind, sich die Gabe des Wunderbaren schenken zu lassen, so wie Kinder ihre Geschenke empfangen. Nur wer Jesus Christus nachfolgt, lernt verstehen, was er sagt, und lernt begreifen, was es mit dem Anbruch des Reiches und seiner Vollendung auf sich hat. Gerade deswegen dürfen wir uns als Menschen aus diesem Reich nicht ausklammern. Es kommt zwar nicht durch uns, aber es wird von uns erlebt und durch uns gelebt. Darum entsteht es auch nicht ohne uns. Das Reich ist Gabe *und* Aufgabe.

Agape als gegenwärtige, sich hier und da ereignende Nachfolge Jesu Christi und Telos als zukünftige, von dem einen oder anderen ersehnte Vollendung können sich mit den real existierenden Verhältnissen nicht abfinden. Wer von der Liebe Jesu Christi angerührt ist und seiner Zusage der Auferstehung und Verwandlung vertraut, kann gar nicht anders, als jetzt schon die Gottesherrschaft zu leben, seinen Wirkungskreis der Verheißung entsprechend zu gestalten, so unvollkommen dies auch jetzt noch sein mag. Gerade weil Christen dabei nicht auf ihre Kraft setzen, resignieren und verzweifeln sie nicht, wenn sie im Kampf gegen Krieg, soziale Ungerechtigkeit, Brutalität und Grausamkeit, Hunger, Seuchen und Krankheit zu der Erkenntnis kommen: Mehr können wir nicht tun. Gerade weil sie eine begründete Hoffnung haben, sind sie entlastet von der utopischen Bürde, die Welt selbst vollkommen machen zu müssen. Agape vermag im Angesicht des Telos mit den Grenzen ihres irdischen Daseins zu leben und sie auszuhalten.

Christen, die Adventisten sind, die jetzt Christus nachfolgen und ihn als den Kommenden erwarten und ersehnen, können sich gelassen und ruhig gegen alles Leid der Kreatur und alle Verführung des Bösen stemmen. Eine solche Haltung ist grundsätzlich etwas anderes, als die Augen vor dem Elend der Welt zu verschließen und so zu tun, als wäre es nicht da. Der Christ ist Realist; er sieht die Welt, wie sie ist. Er ist aber auch Optimist; er weiß, daß es morgen schon anders sein kann. Und er ist auch Aktivist; er beginnt schon heute von dorther zu wirken, wissend, daß alles unter „endzeitlichem Vorbehalt“ *(J. B. Metz)* steht, daß das, was Menschen nicht vollenden können, von Gott zum guten Ende gebracht wird. Das Wirken des Nachfolgers Jesu in dieser Zeit ist ein Bekenntnis zu dem Gott, der jetzt schon verändert, und das Gebet um das „Kommen des Reiches“ (Matthäus 6, 10) ist ein Bekenntnis zu dem Gott, der alles vollendet. Ein christlicher Liedermacher formuliert es so:

„Und sollte morgen die Welt untergehn,
ich pflanzte heute noch ein Bäumchen ein,
bezahlte Schulden, da, wo sie bestehn,
und wollt mit Gott und Welt im reinen sein.
Solange mir noch Atem bleibt,
will ich mich nicht zur Ruhe legen,
mich mühen, daß das Bäumchen treibt
und Gottes gute Schöpfung pflegen.“

Manfred Siebald

ihrem Sinn und Ende. Im Frühjudentum – nach Abschluß des Alten Testaments, vor und um die Zeit Jesu – erreichte die eschatologisch-apokalyptische, auf Endzeit und Endereignisse gerichtete Erwartung einen ersten Höhepunkt. Israel wartete brennend auf die Erscheinung des messianischen Trostes (Lukas 2, 25). Aus dieser Zeit stammt der Begriff „malkuth schamaim" (Himmelreich, Königsherrschaft der Himmel). Gott herrscht geistig als Schöpfer über alle Menschen, besonders aber über Israel durch die Gabe der Thora, des Gesetzes. Gott wird aber auch direkt die Welt verändern, sein Volk befreien und seinen Friedenswillen mit Macht unter den Völkern durchsetzen.

Je mehr Israel unter der Gewaltherrschaft der Syrer und Römer zu leiden hatte, desto leidenschaftlicher wurde die messianische Erwartung: „Wann kommt das Reich Gottes?" (Lukas 17, 20) „Würden die Israeliten zwei Sabbate nach Vorschrift halten", so meinten Schriftgelehrte, „so würden sie sofort erlöst."[3] Sie sagten auch: „Wenn du ein Zeitalter siehst, über das die Leiden sich ergießen wie ein Strom, so hoffe auf ihn."[4] Kein Wunder, daß die frühjüdische Messiaserwartung vor allem der königlichen Linie folgte und den Messias als Kriegshelden begriff.[5] In der Not des zweiten jüdischen Krieges gegen die Römer (132–135 n. Chr.) hat *Rabbi Akiba* in diesem Sinn den Widerstandskämpfer *Bar Kochba* zum Messias ausgerufen und damit das tragischste Kapitel der Geschichte Israels mitverursacht. Denn inzwischen hatte Gott Israel heimgesucht (Lukas 1, 68–79). Der Messias war unter ihnen erschienen, aber nicht als triumphierender Feldherr, sondern als der arme, verachtete und zuletzt sterbende Knecht Gottes. Ganz war diese Erwartung nie geschwunden. Auch das Frühjudentum kannte am Rande den leidenden und sterbenden Messias,[6] aber daß einer gerade darin seine Mission sah und nicht nur für, sondern auch durch Israel sterben sollte, das war radikal anders gedacht, als es gemeinhin von der Mehrheit des Volkes begriffen wurde.

Jesus, der andere Messias (griechisch: christos), knüpfte zwar mit seiner Botschaft von der Gottesherrschaft an die Apokalyptik des Alten Testamentes und des Frühjudentums an, aber er führte auch radikal über sie hinaus, denn bei ihm ist die Gottesherrschaft nicht nur ein, sondern *das* Thema seiner Verkündigung. Reich Gottes ist damit „ipsissima vox", eigenste Rede Jesu *(J. Jeremias)*. Reich

Gottes, Königsherrschaft der Himmel, Gottesherrschaft ist nicht nur etwas Zukünftiges, sondern schon mit seinem Kommen erfüllt (Matthäus 12, 28). Reich Gottes kommt nicht zuerst mit äußeren kosmischen oder politischen Zeichen, sondern ist in der Erscheinung des Knechtes Gottes in seiner Hoheit und Niedrigkeit gegeben (Lukas 17, 20. 21). Die Hoheit lag in seinem Anspruch und seinen Machttaten, denn der Messias sollte zwar die Thora auslegen und die Sünde bekämpfen, Jesus aber redete wie der Gesetzgeber selbst (Matthäus 5, 21. 22), vergab die Sünden wie Gott selbst (Markus 2, 1–7) und unterstrich dieses Recht durch seine Macht des Geistes und der Tat (Markus 2, 8–12).

Mit dieser Forderung, ganz auf die Seite Gottes zu gehören, überschritt er weit alle zeitgenössischen Vorstellungen vom Messias und knüpfte an die Hoheitsweissagungen eines Jesaja oder Micha an. Mit seiner Armut aber, in seiner Gewaltlosigkeit, durch seinen Verzicht auf königliche Ehren und durch sein Erlösungsverständnis unterschritt er den damals vorherrschenden Volksglauben und folgte den Niedrigkeitsweissagungen vom Knecht Gottes (Jesaja 53) und vom armen König (Sacharja 9, 9). Von Anfang an verstand er seine Erlösung nicht als Sieg *über* die Sünder, sondern als Sühnetod *für* die Sünder. Der Menschensohn muß gewaltsam hinweggerissen werden (Markus 2, 20). Wie viele Propheten muß er in Jerusalem umkommen (Lukas 13, 33). Wie der Knecht Gottes bei Jesaja gibt er sein Leben zum Lösegeld für die Menge (Markus 10, 45); er muß viel leiden und zuletzt verworfen und getötet werden (Markus 8, 31; 12, 7. 8). So leidet auch die gegenwärtige Gottesherrschaft Gewalt (Matthäus 11, 12), und dennoch geht sie siegreich durch die Welt. Sie schlägt Wurzeln in einigen Herzen (Matthäus 13, 1–9. 18–23), beginnt unscheinbar und ohne große Wirkung, wächst aber doch und kommt zur Vollendung (Matthäus 13, 31–33). Zwar bleibt sie von außen bedroht (Matthäus 13, 24–30), aber wie ein Fischnetz wird sie durch die Welt gezogen und bringt eine End-scheidung (Matthäus 13, 47–50).

Im Angesicht dieser End-scheidung ruft Jesus zur Entscheidung, denn der Inhalt der Gottesherrschaft ist das Wertvollste. Die Menschen können ihn nicht schaffen, sondern nur finden; sie müssen aber auch angestrengt suchen und, wenn sie gefunden haben, alles dafür geben (Matthäus 13, 44–46).

Der zukünftige Weltherrscher

Mit der Gegenwart des Reiches ist aber die Gottesherrschaft noch nicht vollendet, sie ist letztlich auf Zukunft angelegt. Mit dem Kommen des Messias zum Versöhnungstod am Kreuz hat Gott aus Barmherzigkeit und Gerechtigkeit die Erlösung der Menschen in einer unerlösten Welt gestiftet. Gott hat die Menschen, seine Feinde, in Christus gesucht und das gerechte Gericht für ihr Versagen an sich selbst am Kreuz vollzogen (2. Korinther 5, 18–21). Jeder, der darin Gott recht gibt und der Zusage der Errettung glaubt, d. h. vertraut, darf gewiß sein, daß seine Schuld vergeben ist und Gott ihn angenommen hat (Römer 4, 5). Was Gott in seinen Geboten fordert, kann und wird der Gläubige aus Dankbarkeit tun (Römer 8, 3. 4). Aber Schuldvergebung und Nachfolge sind nicht die ganze Gottesherrschaft. Die Gottesherrschaft will nicht nur die Veränderung und den Frieden des Herzens, sondern die Veränderung und den Frieden der Welt. Während die Propheten des Alten Testamentes wohl beides aussagten, aber zeitlich noch nicht unterscheiden konnten, brachte Jesus Christus mit seiner Botschaft von der Gottesherrschaft eine neue Dimension ins Spiel.

Kreuz und Ende fallen nicht zusammen. Das Kommen des Messias zielt zum ersten auf die Versöhnung des Menschen als Voraussetzung für die noch zukünftige Erlösung der Welt. Zwischen beiden liegt Distanz. Jetzt ist die Gottesherrschaft schon in die Welt eingebrochen. Über ihre scheinbare Niederlage wurde die Versöhnung der Menschen mit Gott vollbracht. Der letzte Horizont des Reiches ist aber noch zukünftig. Er wird erst sichtbar werden, wenn der Niedrige ein zweites Mal in Hoheit erscheinen wird, um seine Nachfolger in die sichtbare Gottesherrschaft der erlösten Welt einzuführen (Matthäus 25, 31–34).

Deshalb muß das Evangelium, die Versöhnungsbotschaft, allen Völkern verkündigt werden. Erst dann erreicht alles sein Ziel (Matthäus 24, 14). So ist mit dem ersten Kommen des Messias schon die Endzeit angebrochen (1. Korinther 10, 11; 1. Johannes 2, 18), aber noch nicht das Ende der Zeit. Vor den Nachfolgern liegen noch „zukünftige Zeiten“ (1. Timotheus 4, 1) und „letzte Tage“ (2. Timotheus 3, 1). Bis dahin sollen sie fleißig die Gottesherrschaft treiben und auf das Wiederkommen des Herrn warten (Lukas 19, 13).

Dieses Wiederkommen ist der Höhepunkt der Verheißungen Gottes und damit *die* Hoffnung der Gläubigen.

Das Neue Testament entfaltet diesen Ausblick auf das Ziel mit einer Fülle von Aussagen. Jesus selbst spricht von seinem Wiederkommen (Johannes 14, 3), von der Ankunft bzw. Gegenwart (Parusia) des Menschensohnes (Matthäus 24, 27) und seinem Offenbarwerden (Lukas 17, 30). Von diesem Offenbarwerden (Apokalypsis) Christi sprechen auch Paulus (1. Korinther 1, 7), Petrus (1. Petrus 1, 7; 4, 13) und Johannes. So ist der wesentliche Inhalt des letzten Buches der Bibel, der Offenbarung des Johannes, das Kommen des Messias in Herrlichkeit und Triumph (Offenbarung 1, 7; 6, 12–17; 14, 14–16; 19, 11–16).

Weil es dabei um ein sichtbares Ereignis geht, wird auch von Erscheinung (Epiphaneia) gesprochen (2. Thessalonicher 2, 8; 2. Timotheus 4, 8). Die Bedeutung dieses Geschehens ist schon daraus ersichtlich, daß über 300 Verse des Neuen Testamentes, also jeder 25. Vers, von der Wiederkunft Christi sprechen.[7] Sie ist End- und Höhepunkt der endgeschichtlichen Rede Jesu (Matthäus 24) und vieler Gleichnisse (Unkraut und Weizen: Matthäus 13, 24–30. 38–43; die zehn Jungfrauen: Matthäus 25, 1–13; die Pfunde: Lukas 19, 12–27, und Talente: Matthäus 25, 14–30; die Schafe und Böcke: Matthäus 25, 31–46; der treue und der böse Diener: Matthäus 24, 45–51; die bittende Witwe: Lukas 18, 1–8; die verschlossene Tür: Lukas 13, 23–30). Sie ist ein wesentlicher Teil der apostolischen Verkündigung (1. Thessalonicher 4, 13 bis 5, 11; 1. Korinther 15, 20–28; 2. Petrus 3, 3–13; Jakobus 5, 1–9; 1. Johannes 3, 1–3; Hebräer 10, 35–39); sie ist – kurz gesagt – *die* christliche Hoffnung: „Maranatha" – Unser Herr kommt (1.Korinther 16, 22). „Ja, komm, Herr Jesus!" (Offenbarung 22, 20)

Ist daher Christentum nicht nur Glaube an den Gekommenen, sondern auch Hoffnung auf den Wiederkommenden, dann ist diese Hoffnung der Prüfstein für echtes Christentum. „Sind wir rechte Christen", so sagt *Luther*, „so beten wir das ‚Dein Reich komme' aus Herzensgrund und Ernst. Beten wir es aber nicht aus Herzensgrund und Ernst, so sind wir noch nicht rechte Christen."[8] „Christentum, das nicht ganz und gar und restlos Eschatologie [Endzeitlehre] ist, hat mit Christus ganz und gar und restlos nichts zu tun." *(Karl Barth)*[9]

Das mag vielen, die meinen, Christentum lebe ausschließlich von

Wann wird das geschehen?

„Und es werden Zeichen geschehen ...“

In dem Buch „Das Spiel mit der Apokalypse – über die letzten Tage der Menschheit“ schreibt der vom Marxismus zum Christentum gekommene polnische Philosoph *Leszek Kolakowski*: „Wir lachten einmal bei dem Anblick der armen Prediger, die das Plakat herumtragen mit den Worten: ‚Das Ende ist nahe‘. Wir lachen nicht mehr. Vielleicht, so denken wir, vielleicht wird es sich herausstellen, daß sie recht hatten. Sie mögen wohl die letzten sein, die lachen werden. Warum aber lachten wir eigentlich, ohne dabei notwendig das Christentum als Ganzes auszulachen? Wir wissen doch alle, daß die gesamte Botschaft Christi im Schatten der Apokalypse entstanden ist – ohne Bezug auf die Erwartung des letzten Tages ist nichts in seiner Lehre verständlich; alles, was wir tun und denken, muß nach dieser Lehre der Sache des bald ankommenden Endes untergeordnet sein.“[1]

Einer Christenheit, für die einseitig Politik, Kultur, Philosophie und Gesellschaft im Vordergrund stehen, ist diese fundamentale Erkenntnis abhanden gekommen. Dies ist auch der Grund, warum Christen heute so selten prophetisch reden können. Nur die Wiedergewinnung der endzeitlichen Perspektive kann das Christentum wieder zu einer prophetischen, zukunftsorientierten, schöpferischen und mahnenden Macht werden lassen. Jesus Christus hatte diese prophetische Aufgabe seiner Gemeinde im Auge, wenn er in seinen Endzeitaussagen von warnenden Vorzeichen sprach, die sein Kommen und damit die Vollendung der Weltgeschichte ankündigen würden. Diese „Zeichen der Zeit“ sind zwar in erster Linie für die Gläubigen bedeutsam (Lukas 17, 22; 21, 8), aber sie bilden kein Geheimwissen, sondern sollen ein Teil der Verkündigung sein, damit die Welt die Zeit zu deuten vermag (Lukas 12, 56).

Schon das Frühjudentum nannte die Zeichen „Fußspuren des Messias“,[2] weil sie zu ihm führen. Christus wünscht – wie wir im vorigen Kapitel gesehen haben –, daß die Gläubigen ihn erwarten und bereit sind, ihm zu jeder Zeit zu begegnen. Um diese Erwartung lebendig zu erhalten, hat er seine Jünger auf Zeichen aufmerksam gemacht, die auf seine Wiederkunft hinweisen. Damit knüpfte er an das Alte Testament an, wo der „Tag Jahwes", der Tag, an dem Gott handelt, durch bedeutsame kosmische und geschichtliche Zeichen angekündigt wird (Jesaja 13, 9–13; Joel 3, 3–5). Diese sind allerdings weder zur Berechnung der Ankunft Christi gegeben – den Wartenden ist der genaue Zeitpunkt (griechisch „kairos") und auch die ungefähre Länge des Zeitablaufs (griechisch „chronos") nicht bekannt (Apostelgeschichte 1, 7) –, noch kündigen sie seine unsichtbare Gegenwart an, da ja die Ankunft sichtbar sein wird und die Zeichen daher den Charakter von Vorzeichen haben (Lukas 21, 28).

Die Zeichen sollen in Erinnerung rufen, daß die sichtbare Gottesherrschaft im Kommen ist. Sie zeigen auf, daß es zwischen der ersten und zweiten Ankunft Christi einen speziellen Zeitabschnitt gibt – die Zeit der Verkündigung der Versöhnung auf Golgatha und des zukünftigen Reiches in Kraft und Herrlichkeit an alle Völker. Wenn die Zeichen geschehen, dann ist das Ende noch nicht sofort da (Matthäus 24, 6; Lukas 21, 9), aber es wird denen, die die Zeichen zu deuten vermögen, beständig in Erinnerung gerufen. So stellen sie die Gläubigen in die „Stets-Bereitschaft". Wenn sie geschehen, kann das Ende schnell hereinbrechen (Lukas 21, 28). Da niemand außer Gott weiß, wie lange dieser Zeitabschnitt dauern wird und welchen Steigerungsgrad die Zeichen erreichen werden, mußte und muß jede Generation für das Kommen des Herrn bereit sein. Die Zeichen stärken so vor allem den Glauben an die Verheißung: Er kommt, sein Wort ist wahr. Sie rufen der Christenheit ein „göttliches Achtung" *(O. Hallesby)* zu, sich in der möglicherweise länger andauernden Interimszeit nicht zu Lauheit, Verweltlichung und Abfall verleiten zu lassen. Letztlich geben sie Trost in sonst unverständlichen und unerträglichen Kämpfen und Leiden. Sie sind die „Wehen des Messias",[3] aus denen die große Weltwende, die Erlösung von Mensch und Erde, geboren werden soll.

Jesus hat mehrmals in seiner Verkündigung auf die Zeichen und das Ziel Bezug genommen. Manchmal wurde er dazu durch Fragen der Pharisäer (Lukas 17, 20) oder der Jünger (Matthäus 24, 3) herausgefordert. Die Ölbergrede ist die ausführlichste Darlegung des irdischen Jesus zur Frage des Endes und der Endereignisse (Matthäus 24; Markus 13; Lukas 21). Jesus hatte kurz vor seinem Tod dem Volk und dem engsten Jüngerkreis die Zerstörung Jerusalems und des jüdischen Tempels vorhergesagt (Matthäus 23, 1. 37–24, 2). Nach dem Bericht des Lukas stellen die Jünger daraufhin die Frage nach dem Wann (Lukas 21, 7). Bei Matthäus hingegen (Matthäus 24, 3) wird die Sache ausführlicher berichtet: Die Jünger fragen nicht nur nach dem Zeitpunkt der Zerstörung des Tempels, sondern auch nach dem Zeichen von Jesu Wiederkunft und der Vollendung der Geschichte. Als fromme Juden konnten sie sich zunächst die Katastrophe des Tempels nur in Verbindung mit dem Weltende vorstellen. Auch Jesus schlägt in seiner Antwort einen Bogen um Zeit- und Endereignisse. Er antwortet im Stil der alttestamentlichen Propheten und bedient sich der prophetischen Perspektive, d. h. Ereignisse der nahen und ferneren Zukunft erscheinen unmittelbar hintereinander, ja sogar ineinandergeschoben und sprengen die starren Maße unseres Raum-Zeit-Schemas.

Die lokale Krise – die Zerstörung Jerusalems und des Tempels im Jahre 70 n. Chr. – ist verknüpft mit der universalen Krise, dem Auftakt zu Wiederkunft und Vollendung. Jesu Rede ist nicht systematisch in chronologischer Reihenfolge aufgebaut; manchmal können Ereignisse auf Jerusalem und das Weltgeschehen bezogen werden (Matthäus 24, 4–13. 32. 33), manchmal steht Jerusalem im Vordergrund (Matthäus 24, 15–20. 34), und manchmal wird in den Texten Distanz erkennbar (Matthäus 24, 14. 21–31), deren Entfaltung allerdings erst aus der Erfüllungsgeschichte erkannt werden konnte. Jesus richtete die Aufmerksamkeit der Hörer auf beides gleichzeitig, denn beides ist ja auch thematisch verknüpft; Jerusalem ist die lokale Vorwegnahme der universalen Endereignisse, auf die zeitgeschichtlich-lokale „Israel-Perspektive" (Matthäus 24, 15–20) folgt die vollendungsgeschichtlich-universale „Völker-Perspektive" (Matthäus 24, 21–31).

Von daher verfehlt jede Auslegung, die reduzierend entweder alles auf Jerusalem oder alles auf das Ende beziehen will, den Sinn der Texte. Eine noch größere Verfehlung wäre freilich eine rationalistische Entleerung der Texte, wie das häufig bei modernistischen Theologen geschieht. Schon *Albert Schweitzer* meinte am Anfang des

20. Jahrhunderts unter dem Eindruck der sogenannten Parusieverzögerung, des Ausbleibens der verheißenen Wiederkunft, Jesus habe sich mit der Ankündigung der Weltwende geirrt.[4] Andere, wie *Charles Harold Dodd*, nehmen an, Jesus habe überhaupt keine apokalyptischen Zukunftserwartungen geäußert, sondern die der zeitgenössischen jüdischen Apokalyptik verhafteten Jünger hätten die Erwartung eines zukünftigen Weltendes einfach in die Botschaft Jesu zurückgetragen.[5] Häufig wird auch der zukünftig-kosmische Aspekt der Gottesherrschaft ausgeklammert und der gegenwärtig-existentiale absolut gesetzt. So meinte der frühe *Karl Barth,* der Tag Jesu Christi sei kein „zeitliches Ereignis“, sondern der „ewige Augenblick“, d. h. der Ernst jeder Entscheidungssituation, der sich nicht auf einen Tag reduzieren läßt, sondern den „Tag aller Tage“[6] bedeutet. Das Ergebnis einer solchen Einengung wäre nach *Rudolf Bultmann:* „Im Kommen des Geistes kommt er [Christus] selbst“[7] oder „das jeweilige Jetzt des Angesprochenseins, dieser Augenblick, ist das eschatologische [endzeitliche] Jetzt, weil in ihm die Entscheidung zwischen Tod und Leben fällt ... die Parusie [Wiederkunft] ist schon gewesen.“[8]

Wie die Weltgeschichte seit dem Neuen Testament weitergelaufen ist, wird sie „wie jeder Zurechnungsfähige überzeugt ist, auch ferner weiterlaufen“.[9] Eben dies Letzte steht aber heute – wie wir zu Anfang gezeigt haben – für viele Zurechnungsfähige in Frage! Die Möglichkeit des Endes der Menschheit durch den Menschen ist freilich kein Beweis für die Wiederkunft Christi. Die Dimension des Übergeschichtlichen und Nachzeitlichen läßt sich nur durch den Glauben fassen. *Oskar Cullmann* und andere Theologen haben sehr deutlich gemacht, daß die oben genannten Verkürzungen nur deswegen entstehen konnten, weil die Texte als historische Quellen und nicht auch als Offenbarungsdokumente anerkannt werden.[10] So bekannte auch der späte *Karl Barth,* einem „Selbstmißverständnis“ zum Opfer gefallen zu sein. Er habe sich wohl getraut, mit der „Jenseitigkeit“, nicht aber auch mit der „Nachzeitlichkeit“ Gottes und folglich nicht mit dem Reich als „kommendem Reich“ Ernst zu machen.[11] Adventistische Christen – Urgemeinde, Kirchenväter, Reformatoren, Erwecker, Adventgemeinde – haben sich zum Glauben an die Verheißung der Wiederkunft Christi immer wieder durch die Erfüllung des prophetischen Wortes herausfordern lassen. Wie sich die Weissagungen der alttestamentlichen Propheten nach Jahrhunderten und Jahrtausenden erfüllten und Christus zum ersten Mal erschien, so sind die Zeichen der Zeit Glaubensherausforderung und Stärkung im Hinblick auf die Verwirklichung seines zweiten Kommens.

Die Zeichen – Kriege, Unruhen, Erdbeben, Wasserfluten, Hungersnöte, Seuchen, Sittenverfall, Unglaube, Verfolgung, aber auch Zunahme der prophetischen Erkenntnis und die Weltmission – bestehen jedoch nicht in ganz neuen und unbekannten Ereignissen, sondern was schon früher vorhanden war und sich bald hier und dort ereignet hat, soll sich ins Weltweite und Weltzerstörerische steigern. Jesus Christus hat auf dieses Phänomen der Steigerung hingewiesen, als er vom „*Anfang* der Wehen" (Matthäus 24, 8) sprach, aus denen dann mit immer größeren Schmerzen die Weltwende geboren werden soll. Die Steigerung aber zeigt sich mehrfach:

Von außen nach innen: Von äußeren Kriegs- und Naturkatastrophen in der Welt (Matthäus 24, 7) zur Verfolgung der Jünger (Matthäus 24, 9) bis hin zur inneren Erschütterung der christlichen Gemeinde (Matthäus 24, 10–13. 21–28) und zur Befreiung durch den Wiederkommenden (Matthäus 24, 29–31).

Vom Lokalen zum Weltweiten: Vom Krieg um Jerusalem (Matthäus 24, 15; Lukas 21, 20) zu den Völkerkriegen (Matthäus 24, 7) bis hin zum letzten, weltweiten Kampf von Harmagedon (Offenbarung 16, 12–16). Was vom Weltzerstörerischen wahr ist, gilt aber auch vom Weltbewahrenden. Die Verkündigung des Evangeliums, der guten Nachricht von geschehener Versöhnung und noch zu geschehender Verwandlung, muß von Jerusalem zu allen Völkern gelangen (Lukas 24, 44–47; Matthäus 24, 14).

Vom Oftmaligen und Mäßigen zum Einmaligen und Riesigen: Von den vielen Erdbebenkatastrophen hie und da (Matthäus 24, 7) zu einem Erdbeben wie nie zuvor (Offenbarung 16, 17–21), von den vielen Trübsalen der Verfolgung (Apostelgeschichte 14, 22) bis zur großen Trübsal wie nie zuvor (Daniel 12, 1; Matthäus 24, 21).

Dies läßt sich objektiv freilich nur rückblickend erkennen. Aus der Entwicklung, die bereits hinter uns liegt, sehen wir die gewaltige Zunahme in der Ausdehnung und Intensität der Zeichen. Der evangelische Theologe *Paul Schütz* sagt dazu: „Krieg und Revolution hat es immer gegeben, Machtballung, Ungerechtigkeit, Schändung der Schwachen, Zerstörung der Ordnung, Terror, Diktatur. Das ist es nicht, was Zeichenkraft gewinnt, das, was immer schon war. Ein Neues erscheint an den Dingen, das zuvor so nicht da war: Es erscheint in der Steigerung. Aus der Steigerung dessen, was immer schon war, wachsen die Zeichen auf. Und dieses Phänomen der Steigerung ist es, das Christus vor den Augen der Jünger aufdeckt. Sie erscheint heute in einem besonderen Zeitphänomen: im Riesigen. Und wo das Riesige sich steigert, kommt das Ende in Sicht."[12]

Wenn man diesen Maßstab an die gegenwärtige Epoche anlegt, wo uns Umwelttod und Wachstumstod mit immer größeren Katastrophen bis hin zum möglichen atomaren Holocaust bedrohen, dann muß sich uns die Erkenntnis aufdrängen, daß wir dem Ziel der Welt- und Heilsgeschichte, der Wiederkunft Christi, sehr nahe gekommen sind. Aber diese Erkenntnis wird nur dann fruchtbar werden, wenn sie uns nicht zu verbotenen Spekulationen, sondern zu Umkehr und Hinkehr, zu Aufgabe und Hingabe in unserem Leben führt. Die Zeichen sollen mehr Ernst in der Lebensführung bewirken, mehr Verantwortung für die Welt um uns, mehr Freude über Gottes Verheißung, mehr Liebe zu den Menschen, mehr Zuversicht für die Zukunft. Wer die Zeichen sieht und versteht, setzt jetzt schon Signale für die kommende Welt und lebt aus der Gewißheit – ganz gleich was kommen mag: „Der Zeitpunkt unserer endgültigen Rettung ist jetzt näher als damals, als wir zum Glauben kamen." (Römer 13, 11, GN)

Weltzerstörung – Weltbewahrung

„Jede Apokalypse ist schrecklich, jede Apokalypse heißt hoffen." *(L. Reinisch)*[13] Die Zeichen besitzen einen Doppelcharakter. Sie bestehen einerseits in Ereignissen krisenhafter und katastrophaler Art, im Unheimlichen und Weltzerstörerischen, andererseits aber auch in der Aktivierung und Ausbreitung der heilenden, bewahrenden Kräfte als Signale der neuen Welt. Wo Rettung naht, wächst die Gefahr, wo die Gefahr ist, wächst das Rettende auch. Nie zuvor in der Geschichte der Menschheit haben sich die Abgründe des Zerstörerischen so aufgetan wie in unserer Zeit. Zum ersten Mal seit Jahrtausenden hat der Mensch die Möglichkeit, sich selbst und die

Erde zu vernichten. Nie zuvor ist aber auch die Frohbotschaft von der Gottesherrschaft so weltumfassend verkündigt worden wie heute. „Ein Gedanke beherrscht mich", so schrieb *Francois Mauriac* nach dem Ende des zweiten Weltkrieges. „Die Ereignisse von heute verraten eine erstaunliche Ähnlichkeit mit jenen, die nach der Schilderung Jesu Christi dem großen Tag des Herrn unmittelbar vorausgehen."[14]

Die Gegenwart hat „endzeitlichen Charakter" *(F. Rienecker).* „Die Zeichen für Christi Wiederkunft mehren sich ständig." *(E. Schlink)* „Die Weltuhr hat Mitternacht geschlagen." *(A. Orsborn)* Während aber ausschließlich am Menschen und der Geschichte orientierte Denker vom Weltzerstörerischen so in den Bann geschlagen sind, daß sie aus dieser Sackgasse keinen Ausweg mehr sehen, wie es *Herbert G. Wells* einmal formuliert hat, entdecken adventistische Christen in den Zeichen auch das Ermutigende. Die Zeichen der Zeit werden so zu Zeichen der Hoffnung: Gott gibt die Welt nicht auf.

Die Ausbreitung der gegenwärtigen Gottesherrschaft durch die Verkündigung des Evangeliums setzt Signale der Weltbewahrung: Den Frieden denken und tun lernen, die Verantwortung gegenüber der Natur einsehen und wahrnehmen, aus der Agape Jesu Christi heraus existieren und Gott und seine Gebote wieder ernst nehmen! Die Weltbewahrung selbst aber ist der Wiederkommende. Die Gläubigen schaffen nicht, sie erwarten die „neue Erde" und ihre „Gerechtigkeit" (2. Petrus 3, 13). Unsere Welt soll nicht auf das Nichts reduziert werden, sondern – aus den zerstörerischen Händen des Menschen gelöst – in die gütigen Arme des Schöpfers fallen und für immer genesen. Bis dahin aber müssen Mensch und Erde unter dem Damoklesschwert der Krise leben. Diese zeigt sich, wie Jesus Christus voraussagte, vor allem in folgenden Phänomenen:

Kriege und Unruhen (Matthäus 24, 6; Lukas 21, 9): Kriege hat es leider immer gegeben, und zwar so viele, daß man von einem „Normalereignis" der Menschheitsgeschichte sprechen kann. Der Soziologe *Jacques Novicow* ermittelte im Jahre 1911, daß in den 3358 Jahren zwischen 1496 v. Chr. und 1861 n. Chr. nur 227 Jahre Frieden herrschte, während in 3131 Jahren die Waffen sprachen. Von den über 8000 Friedensverträgen, die in 3000 Jahren geschlossen wurden, hat im Durchschnitt jeder nur zehn Jahre gewirkt.[15] Während aber die Kriege von der Antike bis zum 19. Jahrhundert auf relativ begrenzten Schlachtfeldern entschieden wurden, ist seit dem ersten und zweiten Weltkrieg alles anders geworden. Die Kontinentalkriege des 18. und 19. Jahrhunderts haben sich zu Weltkriegen ausgeweitet und könnten heute zu Weltraumkriegen werden. Noch bis zum 19. Jahrhundert wurden Schlachten wie Tausende Jahre zuvor durch Kavallerieattacken entschieden. Nur ein Jahrhundert später aber bedrohen sich die Supermächte mit einem tausendfachen „Overkill" aus den Tiefen der Meere und den Weiten des Weltraums.

Je mehr sich die Politiker um Frieden bemüht haben, desto gefährlicher wurde die Situation der Nationen seit Anfang des 20. Jahrhunderts. Auf die Haager Friedenskonferenz (1899) folgte der erste Weltkrieg. Die Menschen hofften, er werde der Krieg sein, der das Ende aller Kriege bringen würde. Auf die Gründung des Völkerbundes (1919) und den Briand-Kellogg-Pakt (1928) zur Ächtung des Krieges folgte jedoch der zweite Weltkrieg. Auf die Gründung der Vereinten Nationen (UN, 1945) folgte das Wettrüsten mit der Atom- und Wasserstoffbombe. Auf den Vertrag zur Einstellung von Kernwaffenversuchen über der Erde und im Kosmos (1963) folgte das Wettrüsten mit Kontinental- und Interkontinentalraketen, die atomare Mehrfachsprengköpfe tragen. Auf den Vertrag von 1967, der es verbietet, Nuklearwaffen in die Umlaufbahn zu schießen oder auf Himmelskörpern zu stationieren, folgte die Aufrüstung zu „Star-Wars", zum Krieg der Sterne. Parallel zur Begrenzung (Salt I 1972 und Salt II 1979) und Reduzierung überflüssiger Waffen (INF-Vertrag 1987) wird an immer perfekteren und aufwendigeren Systemen (westliches und östliches SDI) gearbeitet. Hatte der Deutsche Krieg des Jahres 1866 zwischen Preußen und Österreich 30 000, der Deutsch-Französische Krieg 1870/71 188 000 Leben gekostet, so forderte allein eine einzige Schlacht des zweiten Weltkrieges (Stalingrad) 200 000 Tote.

Während in allen Kriegen des 19. Jahrhunderts etwa vier Millionen Menschen starben, forderte der erste Weltkrieg zehn Millionen, der zweite Weltkrieg fast 56 Millionen Opfer.[16] Die Sozialisten *August Bebel* und *Friedrich Engels* glaubten im 19. Jahrhundert noch an das Ende der Kriege, weil Volkswehr und die Treffsicherheit der Kanonen etwaige kriegerische Auseinandersetzungen unmöglich machen würden. Ähnliche Hoffnungen setzte man auf die Erfindung des

Maschinengewehrs und der Bombenflugzeuge. Aber alle neuen Waffen haben den Krieg nicht abgeschafft, sondern nur verschärft. Die Atombombe von Hiroshima 1945 forderte mit 130 000 Toten[17] so viele Opfer wie eine Monate dauernde Schlacht der Weltkriege. In einem Atomkrieg könnten die Supermächte einen Erstschlag mit 10 000 Megatonnen führen, was der Wirkung von 800 000 Hiroshimabomben entspräche.[18] Das angegriffene Land wäre zum Untergang verurteilt. Auf Grund der Möglichkeit eines Gegenschlages des Angegriffenen gegen den Angreifer – nach dem Prinzip: Du schießt als erster und stirbst als zweiter – würde wahrscheinlich auch der Angreifer vernichtet werden. Sprengkraft, Hitze und radioaktive Strahlung eines atomaren Weltkrieges würden „das Ende der Menschheit“ *(J. Schell)* bedeuten. Wird daher die „gegenseitige Abschreckung“ den Krieg ein für allemal abschaffen? Viele hoffen es, manche bekämpfen es, weil sie trotz allem mit dem Sieg in einem „begrenzten“ oder sogar „totalen“ Atomkrieg rechnen.

Naturkatastrophen (Matthäus 24,7; Lukas 21, 11. 25): Erdbeben und Flutkatastrophen haben die Menschheit auch in der Vergangenheit heimgesucht. Auf Grund der wachsenden Weltbevölkerung ist aber gerade die moderne Epoche von großen Erdbeben (über 50 000 Tote) bedroht. Eine UN-Expertenkommission hat 1969 wegen der rasch ansteigenden Menschenmassen eine Erdbebenkatastrophe „von bisher unbekanntem Ausmaß“[20] für die nahe Zukunft vorhergesagt. Wie nachfolgende Angaben zeigen, hat es auch schon zu Beginn der Neuzeit gewaltige Erdbeben gegeben. Bis zum Jahr 1976 galt das Beben von Shansi (China) 1556 als das verheerendste Schadenbeben. Es forderte 830 000 Tote. Das 17. Jahrhundert kannte ein weiteres großes Beben, das 18. Jahrhundert vier – darunter das Erdbeben von Lissabon mit 60 000 Opfern, das in der damaligen westlichen Welt großes Aufsehen erregte.

Das 19. Jahrhundert verzeichnete ein überdimensionales Schadenbeben und auch das größte Flächenbeben (Assam, Indien 1897), das sich über 77 000 Quadratkilometer erstreckte.[21] Das 20. Jahrhundert aber weist schon sechs ganz große Schadenbeben auf, darunter das Beben von Tangshan (China) 1976, dessen Ausmaß fast ein Drittel des Bebens von Shansi betragen haben soll. Die folgende Liste[22] soll einen Vergleich der Schadenbeben (über 50 000 geschätzte Opfer) ermöglichen:

Mittelalter und Beginn der Neuzeit:

Jahr	Ort	Zahl der Toten
1268	Zilizien (Kleinasien)	60 000
1290	Tschili (China)	100 000
1556	Shansi (China)	830 000
1667	Aserbaidschan	80 000
18. Jahrhundert:		
1703	Tokio (Japan)	137 000
1737	Kalkutta (Indien)	300 000
1755	Lissabon	60 000
1783	Süditalien, Sizilien	30 000
19. Jahrhundert:		
1876	Kalkutta (Indien)	215 000
1896	Ecuador, Peru	70 000
20. Jahrhundert:		
1905	Kangra (Indien)	100 000
1908	Messina, Reggio (Süditalien)	83 000
1920	Kansu (China)	180 000
1923	Tokio, Yokohama (Japan)	143 000
1927	Nan-Shan (China)	200 000
1932	Kansu (China)	70 000
1935	Quetta (Indien)	60 000
1948	Turkmenistan	100 000
1970	Yungai (Peru)	70 000
1976	Tangschan (China)	655 000
1988	Armenien	55 000

Der Ausbruch des Krakatau Ende des 19. Jahrhunderts verursachte eine Flutwelle, durch die 36 000 Menschen ertranken. Eine der größten Sturmkatastrophen der Geschichte hat 1970 im heutigen Bangladesch 200 000 Menschenleben gekostet. Das klassische Katastrophengebiet erlebt jetzt immer häufiger Überschwemmungen, wie sie seit Menschengedenken nicht mehr aufgetreten sind. Durch die Zerstörung des ökologischen Gleichgewichts in den Gebirgen – Raubbau an den Wäldern des Himalaya – werden die Regenmengen des Monsun nicht mehr vom Erdboden aufgesogen. Die Folge: Gigantische Überschwemmungen im Flachland. 1988 zum Beispiel wurden 25 Millionen Menschen obdachlos.[23]

Als eine der „größten Katastrophen dieses Jahrhunderts" wurde der Taifun „Fifi" bezeichnet, dem in Honduras 1974 15 000 Menschen zum Opfer fielen.[24] Im selben Jahr erlebte Brasilien die größte Überschwemmung seiner Geschichte mit Tausenden von Toten. Das Jahr 1985 brachte die „größte Vulkankatastrophe". Der Ausbruch des Nevado del Ruiz (Kolumbien) begrub 22 000 Menschen unter Gestein und Asche. 1988 tobte „Gilbert", der „Jahrhundertsturm", über die Karibik. Die Verwüstungen, die er anrichtete, glichen denen von Hiroshima nach Abwurf der Atombombe.[25] Die größten Erschütterungen liegen aber noch vor uns, denn die Offenbarung des Johannes spricht im Zusammenhang mit der Wiederkunft Christi von einem noch nie dagewesenen Erdbeben, durch welches die Städte der Nationen fallen und alle Inseln und Berge verschwinden sollen (Offenbarung 16, 15–21).

Hungersnöte (Matthäus 24, 7): Kriege, Dürrekatastrophen, Seuchen und Überschwemmungen haben unter den Betroffenen häufig Hungersnöte verursacht. Die 1921 in Rußland herrschende Hungersnot forderte täglich 30 000 Tote. *Fridtjof Nansen* sagte damals: „Ohne Zweifel ist dies das Schrecklichste, das je in der Geschichte der Menschheit geschehen ist."[26] 1929 gab es in China eine Hungersnot, die sechs Millionen Tote gefordert hat.[27] In Griechenland sind in einem Jahr (1942) etwa 200 000 Menschen den Hungertod gestorben.[28] In den drei „schlimmsten Dürrejahren des 20. Jahrhunderts" (1983–1985) sind allein in Afrika drei Millionen Menschen verhungert. Weitere Millionen waren von der Not betroffen, und Millionen werden es noch sein.[29]

Diese Katastrophen scheinen aber nur der tragische Auftakt für Hungersnöte ganz neuer Art gewesen zu sein. Das rasche Bevölkerungswachstum, die Ausbeutung des Bodens, die Armut der dritten und vierten Welt und die Politik mit dem Hunger können zu immer größeren Hungerkatastrophen führen. Bei der Geburt Christi lebten etwa 100 Millionen Menschen auf der Erde. Erst im Jahre 1830 war die erste Milliarde erreicht, die zweite gab es 1930, die dritte 1960, die vierte 1975, die fünfte 1986. Für die Mitte des 21. Jahrhunderts erwartet man 10–14 Milliarden Menschen. Der Agronom *Dumont* hält diese Entwicklung für katastrophal, weil zu befürchten ist, daß die Nahrungsmittelproduktion nicht im entsprechenden Maße gesteigert werden kann, ohne dabei die Umwelt zu zerstören. In Vietnam haben der Verlust von 30 Prozent Ackerfläche durch amerikanisches Entlaubungsgift sowie Mißernten und rapides Wachstum der Bevölkerung schon zur Bedrohung von Millionen Menschen durch den Hungertod geführt.[30] Womöglich entsteht dadurch neue Kriegsgefahr, daß sich zehn Milliarden Menschen ihre Nahrung durch Gewalt verschaffen müssen. Die Vision *Lenins*, nach der es eines Tages „Lebensmittelkriege" geben würde, könnte so Wirklichkeit werden.

An sich wären Erde und Meere in der Lage, alle Menschen zu ernähren, aber dazu wäre die Zusammenarbeit aller nötig: Radikales Umdenken in der Politik und Konzentration der Wissenschaft statt auf Weltraumrüstung auf Erdraumnutzung (Wüsten) und Erdraumschonung (Anbauflächen). Angesichts der Bevölkerungsexplosion – in der ersten und zweiten Welt durch höhere Lebenserwartung, in der dritten und vierten Welt durch wachsende Geburtenraten – müßte die Agrarproduktion ständig gesteigert werden. Tatsächlich aber nimmt sie ab. Während zwischen 1950 und 1973 die Weltgetreideproduktion um drei Prozent pro Jahr anwuchs, ist sie im letzten Drittel des 20. Jahrhunderts (mit weniger als zwei Prozent Zuwachs) hinter die Rate der Bevölkerungsexplosion zurückgefallen. Jedes Jahr müssen die Bauern der Welt 79 Millionen Menschen zusätzlich ernähren.[31] Die Chancen, dies durchzuhalten, werden aber immer geringer. Die Tragkraft der Böden läßt durch den Raubbau immer mehr nach. Sogar in den hochtechnisierten USA geht auf über einem Drittel der Anbaufläche stetig Farmland durch Erosion verloren. In China sind 25 Prozent des Bodens schon unfruchtbar, in Afrika breitet sich die Sahara jedes Jahr mehrere Kilometer nach Süden aus. Zu schnelles Bevölkerungswachstum, zu schnelle Bodenerosion und zu schnelle Versteppung machen Äthiopien zu einem „hoffnungslosen Fall".[32]

Schlimmer als in China ist es in Indien, und in Südamerika ist die Erosion des bestellten Bodens so groß, daß die Kornkammern der Vergangenheit im 21. Jahrhundert zu Hungergebieten werden können. Auf der Erde fallen Jahr für Jahr 10–20 Millionen Hektar Wald der Axt und Säge und damit der Suche nach Bauland und Nutzhölzern zum Opfer. Die Folge: Verödung, Erosion, Karst, Wüste. 200 000

Quadratkilometer Ackerland – eine Fläche, beinahe so groß wie die Bundesrepublik – verwandeln sich jährlich in Wüste. Die „Versandung“ unseres Planeten geht langsam, aber stetig voran.[33] Hand in Hand damit schreitet die Verarmung der Entwicklungsländer beständig fort. 80 Prozent der Weltbevölkerung verfügen über nur zehn Prozent der Industrieproduktion der Welt, während 20 Prozent der Weltbevölkerung 90 Prozent der Weltindustrieproduktion kontrollieren. Ein Reispflanzer in den USA ernährt 15, in Westeuropa zehn, in Brasilien fünf, in Indien vier Personen. In den Ländern der dritten und vierten Welt wächst die Arbeitslosigkeit schneller als die Bevölkerung.[34] Technisch-zivilisatorisch geraten diese Länder mehr und mehr ins Hintertreffen und werden politisch-wirtschaftlich immer abhängiger von den reichen Ländern. Diese denken aber keineswegs daran, ihre Politik der Aufrüstung und Stärke zugunsten einer Zusammenarbeit aller im Kampf gegen den Hunger aufzugeben. Im Gegenteil, es wird als realistisch angesehen, daß die Regierungen der Welt – auch der dritten und vierten Welt (!) – an zwei Tagen soviel für Rüstung ausgeben, wie den Vereinten Nationen für ihren Kampf gegen Hunger und Seuchen in einem Jahr zur Verfügung steht.

Als extrem gilt es dagegen, so meint *Franz Alt*, diese Realität für Wahnsinn zu halten und ändern zu wollen.[35] 35 Millionen Menschen, die jährlich an Hunger sterben, klagen an! Der Historiker *Arnold Toynbee* hielt daher schon um die Mitte des 20. Jahrhunderts den Hunger für eine größere Bedrohung der Menschheit als den Krieg.[36] Kein Wunder, wenn sich angesichts der Tatsache, daß es um diese Zeit laut der Welternährungsorganisation (FAO) „schon mehr hungernde Menschen auf der Erde gab als zu irgendeinem Zeitpunkt der Geschichte“,[37] manche fragen: „Verhungert die Menschheit“?[38] und andere sorgenvoll hinzufügen: „Die Not wird immer größer“,[39] „Menschliche Springflut – uns bleiben 100 Jahre.“[40]

Unglaube und Sittenverfall (Lukas 17, 26–30; 18, 8; Matthäus 24, 11. 12. 23. 24; 2. Timotheus 3, 1–5; Offenbarung 11, 18): Die Zeit, die der Wiederkehr Christi vorausgeht, wird nach der Offenbarung des Johannes als ein Zeitalter der Auflehnung gegen Gott geschildert: „Die Völker sind zornig geworden.“ (Offenbarung 11, 18) Nicht so sehr in Zorn untereinander, sondern – wie der Textabschnitt in Psalm 2, 1–3 zeigt, an den sich die Offenbarung anlehnt – in Zorn gegen Gott, den Gesalbten (Messias) und die göttliche Ordnung.

Atheismus – Leugnung Gottes und seiner Herrschaft – war in der Antike ausgesprochen selten. Damals bezeichnete man als einen Atheisten, wer wie die Christen die überkommene Religion in Frage stellte. Bewußte Gottesleugner gab es zwar damals auch, aber nur als seltene Einzelfälle. Den meisten Denkern des Altertums erschien eine solche Haltung als ungeheuerlicher Frevel. Das gleiche kann vom christlichen Mittelalter gesagt werden. Erst mit der Aufklärung (17./18. Jahrhundert) begann sich der theoretische Atheismus deutlicher zu regen – so z. B. bei den französischen Enzyklopädisten –, um dann im 19. und 20. Jahrhundert durch den Marxismus, den materialistischen Evolutionismus und den atheistischen Existentialismus zum Bekenntnis von Millionen zu werden. Um die Mitte des 20. Jahrhunderts haben Atheismus und Naturreligionen das Christentum bereits überholt. Während von 1960 bis 1977 der Anteil der Christen an der Weltbevölkerung um 30 Prozent wuchs, hat der der Atheisten um über 100 Prozent zugenommen.[41]

Noch durchschlagender als der theoretische Atheismus sollte sich aber der praktische Atheismus erweisen, die alles durchdringende Säkularisierung des Lebens, welche den Menschen auf den Zivilisationsprozeß reduziert, wo nur das von Belang erscheint, was der Stillung der unmittelbaren Existenzbedürfnisse dient. Diese Haltung ist charakteristisch für Millionen der ersten und zweiten Welt und dringt über das alles dominierende Konsumdenken auch in die Massen der dritten und vierten Welt ein. Jesus hat die Zeit vor seinem Kommen mit der Zeit Noahs (Matthäus 24, 37–39) und Lots (Lukas 17, 28–32) verglichen, einer Zeit der totalen Gleichgültigkeit gegenüber Gott und seinem Wort und der ausschließlichen Befriedigung der leiblichen Bedürfnisse bis hin zur Perversion. Zugleich ist es aber auch eine Zeit der Unsicherheit, Ratlosigkeit und Angst (Lukas 21, 25. 26). Seit der Mensch sich und seine Welt vernichten kann, muß er mit einer Angst leben, die frühere Zeiten so nicht gekannt haben. Da der Mensch mit dem großen Gott gebrochen hat, muß er sich vor dem Atom, dem kleinsten Teil der Materie, fürchten. Da der Mensch mit Gottes Geboten, mit Liebe und Vertrauen gebrochen hat, kann er nicht über sich selbst hinauswachsen und zum Frieden kommen. Angst und Haß machen die Probleme unlösbar.

Während der echte christliche Adventglaube immer seltener wird (Lukas 18, 8), schießen die falschen Religionen (Matthäus 24, 11. 12.

23. 24) üppig ins Kraut, denn „wo Gott nicht redet, da ist der Teufel Bischof, Hirte und Meister“ *(Luther).*[42] „Der Mensch, der ohne Religion zu sein meint, pflegt einer niedrigeren Religion zu verfallen.“ *(C. F. v. Weizsäcker)*[43] Dies gilt besonders für die traditionell christlichen Länder. Von den protestantischen Schweizern gehen nur zwei Prozent, von den protestantischen Bundesbürgern nur 5,5 Prozent in die Kirche.[44] In einer evangelischen Gemeinde von Berlin mit 12 000 Gliedern verzeichnete man 80 Gottesdienstbesucher.[45] Während die Religion in Frankreich und in der Bundesrepublik Deutschland nur sieben Prozent der Menschen als „sehr wichtig“ erscheint, ist es sowohl in Asien als auch in Amerika noch ganz anders. Auf den Philippinen ist Religion für 83 Prozent sehr wichtig, in Indien für 60 Prozent, in Brasilien für 52 Prozent und in den USA immerhin noch für 41 Prozent.[46] Während in der Bundesrepublik Deutschland nur 39 Prozent der Bevölkerung, in Frankreich 35 Prozent und in Dänemark gar nur 25 Prozent an ein Leben nach dem Tode glauben, sind es bei den „frommen Amerikanern“ noch 70 Prozent.[47]

Dennoch gibt es ein „Comeback“ der Religion auch in Europa. New Age, Okkultismus und Aberglaube integrieren sich gut in die moderne Maschinen- und Informationsgesellschaft. Gerade weil die Allmacht der Technik den Menschen zu erdrücken droht, tritt er die „Flucht ins Jenseits“ an. In der Bundesrepublik wird die Zahl der Spiritisten auf etwa eine Million geschätzt. Weltweit sind es mehr als 100 Millionen.[48] 15 Millionen Deutsche glauben angeblich an die Macht der Magie.[49] Jeder fünfte Mitteleuropäer (Katholik, Protestant, Konfessionsloser) glaubt an die Reinkarnation, die Wiederverkörperung der Seele, obwohl die Bibel, die von der Auferstehung des Leibes spricht, dafür überhaupt keinen Anhaltspunkt bietet.[50]

Aus der Banalität der technisierten Gesellschaft treibt es den entchristlichten Menschen der westlichen Welt zu den Esoterik-Verführern: Okkultismus, Theosophie, Anthroposophie, humanistische Psychologie, östliche Religionen, Psychotechniken, Ökologiereligion. Nicht mehr der Glaube an Gott, sondern an die „Macht des Bewußtseins“ zählt. Man wartet nicht mehr auf die Erlösung durch Christus, man erlöst sich selbst. Da Fortschritt und Technik diese Verheißung nicht zu erfüllen vermochten, soll es nun durch spirituelle Meister, Psychotechniken und Drogen geschehen. Hand in Hand damit geht ein seit der Antike nicht mehr so zur Schau getragener Hedonismus, ein „Aufstand der Schamlosigkeit“ (2. Timotheus 3, 1–5). Während jede Art von sittlicher Perversion – freie Liebe, Lesbiertum, Homosexualität – verherrlicht wird, scheut man sich nicht, das Recht des ungeborenen Lebens zu verneinen. Allein in der Bundesrepublik Deutschland werden jährlich an die 300 000 Kinder abgetrieben, weltweit sind es viele Millionen.[51] Inzwischen hat uns die sexuelle Permissivität ins „Aids-Zeitalter“ geführt. „Die gefährlichste Seuche, die je die Menschheit heimgesucht hat“,[52] bedroht die ganze Welt. Es ist, als habe Paulus nie die warnenden Worte in Römer 1, 24–32 geschrieben. Die Gesellschaft des „Post-Christian Age“, des nachchristlichen Zeitalters, trägt die Merkmale von Sodom und Gomorra und wird damit selbst zu einem deutlichen „Zeichen der Zeit“.

Verfolgungen (Matthäus 24, 9. 21. 22): Die Botschafter der Liebe sind von Anfang an vom Haß der Menschen verfolgt worden. Jesus von Nazareth sagte zu seinen Jüngern: „Wenn die Welt euch haßt, dann denkt daran, daß sie mich zuerst gehaßt hat. Die Welt würde euch als ihre Kinder lieben, wenn ihr zu ihr gehörtet. Aber ich habe euch aus der Welt herausgerufen, und ihr gehört nicht zu ihr. Aus diesem Grund haßt euch die Welt. Denkt an das, was ich euch gesagt habe: Kein Diener ist größer als sein Herr. Wie sie mich verfolgt haben, werden sie auch euch verfolgen.“ (Johannes 15, 18–20, GN) Jesus zeigte in diesen Worten auch auf, warum dies so sein muß: Die Finsternis fühlt sich durch das Licht herausgefordert und widerlegt. In der Machtwelt der Cäsaren, Inquisitoren, Despoten und Diktatoren, die alle ewig oder zumindest tausend Jahre herrschen wollen, kann es keinen Raum geben für Agape und Telos, die gegenwärtige und die zukünftige Gottesherrschaft. Machtpolitik und Gewaltlosigkeit, Rücksichtslosigkeit und Barmherzigkeit, die Reiche dieser Welt und das Reich Gottes schließen sich gegenseitig aus. Die Idee des „ewigen Rom“ und der Glaube an den wiederkommenden Kyrios Jesus mußten in Konflikt geraten. Von *Nero* über *Marc Aurel* bis zu *Decius, Valerian* und *Diokletian* versuchte das heidnische Rom vergeblich, das Christentum auszurotten. Wie viele Menschen damals – oft auf die grausamste Art – getötet wurden, weiß niemand. Historiker nennen die Zahl von ca. 7 000 Märtyrern bis Konstantin.[53]

Als im vierten Jahrhundert das Christentum durch *Konstantin* und *Theodosius den Großen* zu einer erlaubten bzw. zur Staatsreligion erklärt wurde, verlor es allerdings sehr bald seine Unschuld und begann nun seinerseits das Heidentum zu verfolgen. Gleichzeitig wurden Christen, die mit der herrschenden Reichskirche nicht übereinstimmten, aus dem Römischen Reich ausgestoßen. Damit begann das dunkelste Kapitel der Verfolgungen, denn nun kämpften Christen gegen Christen. In den Zeitaltern der mittelalterlichen und gegenreformatorischen Papstkirche erreichte diese Art von Verfolgung ihren Höhepunkt. Durch die im 13. Jahrhundert begründete Inquisition verfolgten Päpste, Kaiser und Könige die Christen – Albigenser, Waldenser, Hussiten –, die gegen den Abfall der Kirche in Lehre und Leben protestierten und für eine Reform nach dem Vorbild der ersten Christen eintraten. Tausende kamen in den Kreuzzügen gegen Albigenser und Hussiten bzw. in den jahrhundertlangen Verfolgungen gegen die Waldenser ums Leben. Unter dem heiliggesprochenen ersten Inquisitor der spanischen Inquisition, *Tomás de Torquemada* (15. Jahrhundert) sind allein 2000 Menschen auf dem Scheiterhaufen verbrannt worden.[54] Auf die Reformation *Luthers, Zwinglis* und *Calvins* antworteten Päpste und Könige mit neuen „christlichen Christenverfolgungen". In der Bartholomäusnacht (1572), in der mit einem Schlag alle Protestanten in Frankreich (Hugenotten) vernichtet werden sollten, sind an die 22000 Menschen niedergemetzelt worden.[55] Aber auch die Reformatoren waren Verfolger. Im Zürich *Zwinglis* und im Genf *Calvins* wurden Taufgesinnte und Antitrinitarier ertränkt oder verbrannt.

Sowohl die römische Kirche als auch die Kirchen der Reformation waren bessere Jünger ihres Zeitalters als des barmherzigen Nazareners! Erst als sich im Raum des amerikanischen Freikirchentums *(Roger Williams,* 17. Jahrhundert) und der europäischen Aufklärung *(Voltaire,* 18. Jahrhundert) der Gedanke der Gewissensfreiheit und Toleranz durchsetzte, hielt man die trüben Zeiten des Mittelalters und der Gegenreformation für beendet. Aber gerade das 20. Jahrhundert, das „Zeitalter der Barbarei", brachte die größten Christenverfolgungen. Jetzt wurden die Christen wieder von anderen Religionen bzw. von den neuheidnischen Diktatoren verfolgt. Die planmäßigen Armeniermassaker in der Türkei (1894–1916) können der „Endlösung" des Judenproblems „würdig" zur Seite gestellt werden.

1,4 Millionen armenische Christen wurden deportiert und über eine Million getötet.[56] In den Missionsländern Korea und Vietnam sind im 19. Jahrhundert an die 140 000 Christen umgebracht worden.[57] In den Gefängnissen und Konzentrationslagern des NS-Regimes kamen an die 4 000 katholische Geistliche um. 3 000 protestantische Pastoren waren inhaftiert, und mancher von ihnen *(Schneider, Bonhoeffer)* wurde grausam ermordet.[58]

Von 1921 an, und besonders unter dem Stalinismus, gab es eine geplante Verfolgung in der Sowjetunion, die bis 1937 die vollständige Ausrottung des Christentums zum Ziel hatte. Davon waren die orthodoxe Kirche, die katholische Kirche und die protestantischen Freikirchen (Baptisten, Adventisten) betroffen. Wie viele Gläubige Opfer des Stalinismus wurden, wird man wohl nie genau wissen. Schon 1922 zählte man allein für die orthodoxe Kirche an die 8 000 umgekommene Priester, Mönche und Nonnen.[59] Nach amtlichen russischen Berichten sind allein bis 1935 über 42 000 Geistliche in Arbeitslagern gestorben. Die Zahl der um ihres Glaubens willen getöteten Christen geht in die Millionen.[60]

Der Raum fehlt, um das Leiden der Christen in China zur Zeit der Kulturrevolution (1966–1968) und in anderen östlichen Ländern zu beschreiben, wo man sich sogar rühmt, zum ersten Mal in der Geschichte einen atheistischen Staat geschaffen zu haben, aus dem das Christentum endgültig ausgetilgt sei. Man schätzt, daß es in der zweiten Hälfte des 20. Jahrhunderts jedes Jahr nicht weniger als 300 000 Christen gibt, die umgebracht werden (*Idea spektrum*, 28. 10. 1987). Aber schon *Tertullian* (um 200), der sich – wahrscheinlich durch das Beispiel standhafter Christen ermutigt – in der Verfolgungszeit zum Christenum durchgerungen hatte, sah, daß die Sache der Christenverfolger hoffnungslos war. „Das Blut der Christen ist ein Same."[61] Je mehr Christus in seinen Nachfolgern verfolgt wird, desto deutlicher wird auch der unverzichtbare Wert der Christusbotschaft, wenn sie, wie *Tertullian* sagt, durch Taten gelehrt wird.

Weltmission (Matthäus 24, 14; Markus 13, 10): Nicht nur Weltzerstörerisches, sondern auch Welterhaltendes hat Zeichencharakter. Jesus Christus hat sich für das Leben der Welt hingegeben (Johannes 6, 51), für das Leben der Gläubigen wird er wiederkommen (Johannes 11, 25. 26). Dies soll allen Menschen bekanntgemacht werden (Matthäus 28, 18–20). Während die anderen Zeichen nur auf das

Ende hinweisen, ist das Zeichen der weltweiten Verkündigung der Versöhnungsbotschaft vom Kreuz und der Befreiungsbotschaft vor der Wiederkehr Christi direkt mit dem Ende verbunden: „Und es wird gepredigt werden dies Evangelium vom Reich in der ganzen Welt zum Zeugnis für alle Völker, und dann wird das Ende kommen." Gott gibt die Menschheit und die Erde nicht der völligen Vernichtung preis. Gewiß, es kommt das Dunkel, aber es kommt auch das Licht. Die Welt soll erfahren, wer eigentlich ihr Herr und Retter ist. Menschen sollen sich weltweit freuen und vorbereiten auf den Tag seines Kommens und ihrer Begegnung mit ihm. Damit ist freilich nicht gemeint, daß jeder Christ werden wird. Aber die biblische Botschaft von der Gottesherrschaft soll durch die ganze Welt ziehen und allen, die sie erreicht, Gelegenheit bieten, sich für Jesus, den Messias und Herrn, zu entscheiden. Das Christentum ist von Anfang an eine Missionsbewegung gewesen. Die christliche Gemeinde verstand sich als endzeitliches Missionsvolk, getreu dem Befehl ihres Herrn: „Gehet hin und machet zu Jüngern alle Völker: Taufet sie auf den Namen des Vaters und des Sohnes und des heiligen Geistes und lehret sie halten alles, was ich euch befohlen habe. Und siehe, ich bin bei euch alle Tage bis an der Welt Ende." (Matthäus 28, 19. 20)

Durch die Zeugnistätigkeit aller Gläubigen (Apostelgeschichte 8, 1. 4; 11, 19. 20), besonders aber der Apostel, unter denen wiederum Paulus hervorstach, kam es schon im ersten Jahrhundert im ganzen Mittelmeerraum zu Gründungen von christlichen Gemeinden. So konnte Paulus schon um die Mitte des ersten Jahrhunderts sagen, daß die Botschaft in die „Ökumene", in die jüdisch-hellenistische Kulturwelt des Römischen Reiches, ausgegangen sei (Römer 10, 18). Dennoch schätzt man, daß es um 100 n. Chr. nicht mehr als eine Million Christen unter einer Bevölkerung von ungefähr 180 Millionen Menschen im Römischen Reich gab, also weniger als ein Prozent.[62] Aber schon um 200 n. Chr. war die ganze Längsachse des Reiches, von Britannien bis Mesopotamien, von Christen „besetzt". In den nachfolgenden Jahrhunderten erreichte die christliche Botschaft nicht nur ganz Europa, sondern drang auch bis nach Indien und China vor. Um das Jahr 1000 n. Chr. gab es 50 Millionen Christen unter einer Weltbevölkerung von ungefähr 270 Millionen. 18 Prozent der Menschheit waren also im Mittelalter schon christlich. 900 Jahre

Eine Steigerung der Weltgetreideproduktion kann trotz aller agrarökonomisch
Bemühungen nicht mit dem rapiden Anstieg der Geburtenraten Schritt halt
Droht uns eine weltweite Hungerkatastroph

später (1900) war bereits ein Drittel der Weltbevölkerung christlich, nämlich 558 Millionen unter 1,5 Milliarden. Gegenwärtig ist das Christentum mit über einer Milliarde Anhängern die stärkste Religion. Ihm kommt allerdings der Islam gleich, dessen Anhängerzahl sich in der zweiten Hälfte des 20. Jahrhunderts von 200 Millionen auf eine Milliarde erhöht hat.[63]

Statistiken haben freilich nur begrenzten Wert. Sie sagen einiges über Quantität, aber nichts über Qualität aus. Schon zur Zeit der spätantiken Reichskirche bzw. der mittelalterlichen Papstkirche wurde weniger missioniert als christianisiert. Mit anderen Worten: Nicht der einzelne traf die Glaubensentscheidung für sich selbst, wie in der Zeit der Apostel und der alten Kirche, sondern durch die Bekehrung von Königen und Fürsten wurden ganze Völker zum Christentum gezwungen. In der Reformationszeit prägte man dafür das Wort: „Cuius regio, eius religio", d. h. die Religion des jeweiligen Fürsten hatte auch die Religion seiner Untertanen zu sein.

Ein eigentliches Missionsverständnis hat auch die Reformation nicht entwickelt. Erst mit dem Pietismus, der Herrnhuter Brüdergemeinde und der Gründung der Missionsgesellschaften im 18. und 19. Jahrhundert begann das „Zeitalter der Mission". „Darauf soll unsere unermüdliche Arbeit durch die ganze Welt gehen, daß wir die Herzen für den gewinnen, der sein Leben für unsere Seelen dahingegeben", so formulierte *Nikolaus Ludwig Graf v. Zinzendorf* das Ideal der an die Urchristenheit anknüpfenden pietistischen Mission.

Schon Anfang des 18. Jahrhunderts gelangte durch *Bartholomäus Ziegenbalg* das biblische Evangelium nach Südindien. Der Baptist *William Carey* brachte es Ende des 18. Jahrhunderts nach Nordostindien. Obwohl Herrnhut um 1730 nur 500 Einwohner hatte, gab es Missionare der Brüdergemeinde von Grönland über Nordamerika bis Westindien, von Lappland über die Türkei bis China. *Zinzendorf* selbst reiste nach Westindien, um den Sklaven die Bruderschaft in Christus zu verkündigen. Der berühmte *David Livingstone* brachte im 19. Jahrhundert biblisches Christentum in Gegenden Afrikas, die zuvor noch nie ein Weißer betreten hatte. 1865 gründete *Hudson Taylor* die China-Inland-Mission, eine Missionsgesellschaft, in der Vertreter aller protestantischen Kirchen arbeiteten. *John Williams* trug zur selben Zeit das Evangelium in die Südsee, wo er für seine Überzeugung den Märtyrertod starb. So wie in der alten Kirche wurde aber auch hier das Blut zum Samen. Heute wird auf allen Inseln Ozeaniens das Evangelium gepredigt. Der Baptist *A. Judson* brachte um dieselbe Zeit das Evangelium nach Burma, *A. Gardener* nach Feuerland, an die Südspitze Südamerikas; *Robert Moffat* wurde der Pionier Südafrikas.

So gelangte mit dem 18. und 19. Jahrhundert das Evangelium wirklich zum ersten Mal „in alle Welt". Eine der heute am weitesten verbreiteten protestantischen Missionsgemeinden bilden die Siebenten-Tags-Adventisten, die in etwa 190 von 227 Ländern der Erde die Wiederkunft Christi verkündigen und von allen protestantischen Kirchen die meisten Missionare aussenden.[64] Von den etwa fünf Milliarden Menschen der zweiten Hälfte des 20. Jahrhunderts haben nach Schätzungen drei Milliarden Kontakt mit der christlichen Botschaft, d. h. etwa zwei Drittel der Weltbevölkerung. Ein Drittel ist noch unerreicht.[65]

Atheismus, Säkularismus, rapides Wachstum der Weltbevölkerung stellen neue Herausforderungen für die christliche Verkündigung dar. Gleichzeitig sind jedoch durch die modernen Medien (Druck, Funk, Fernsehen) der Weltmission auch neue Hilfen zugewachsen. *Philipp Jakob Spener*, der „zweite Reformator Deutschlands", hatte schon im 17. Jahrhundert erkannt, daß Mission bedeutet, „das Wort reichlicher unter uns zu bringen".

Der Aufschwung der Bibelübersetzungen und der Bibelverbreitung seit der Reformation zeigt den gewaltigen Fortschritt des Missionsgedankens in der Neuzeit. Während um 1500 die Bibel bzw. Bibelteile in sechs neusprachlichen Übersetzungen vorlagen und um 1800 in 71, waren es 1890 schon 470, 1920: 830, 1950: 1034, 1965: 1250 und 1989: 1907 Übersetzungen.[66] Allein von 1890 bis 1920 hat die Zahl der Übersetzungen sich fast verdoppelt und von da bis in die zweite Hälfte des 20. Jahrhunderts mehr als das. Die Bibel rangiert damit vor der Literatur von *Lenin, Marx* und *Agatha Christie*.[67] Das 20. Jahrhundert wird deshalb als das „Jahrhundert der Bibelverbreitung" in die Geschichte eingehen.

Mit den Bibelübersetzungen von heute können über 90 Prozent der Weltbevölkerung erreicht werden. Von den etwa 7 000 gesprochenen Sprachen bleiben zwar noch über 5 000, in welche die Bibel erst übersetzt werden muß, doch handelt es sich dabei um Sprachen, die von verhältnismäßig wenigen Menschen gesprochen werden.

Gewaltig ist auch die Leistung der Bibelverbreitung. Kurz nach dem zweiten Weltkrieg (1949) wurden etwa 20 Millionen Bibeln, Neue Testamente und Bibelteile verbreitet. 1965 waren es schon 77 Millionen, 1970: 173 Millionen, 1979: über 500 Millionen.[68] Seit der Mitte des 20. Jahrhunderts hat sich also die Bibelverbreitung fünfundzwanzigmal vervielfacht! Dank der Anstrengung der Bibelgesellschaften und Kirchen kann heute jedermann in der westlichen Welt die Bibel für den Bruchteil eines Tageslohnes kaufen. Allein für das Neue Testament mußte hingegen ein Geselle zur Zeit Luthers den Verdienst von drei Wochen aufwenden! Die Evangelisation der Welt hat tatsächlich Riesenfortschritte gemacht. Als Christen um das Jahr 1000 n. Chr. oder zur Zeit der Reformation bzw. der Französischen Revolution glaubten, das Ende sei gekommen, da hatte die Erfüllung dieses Zeichens erst zu einem kleinen Teil begonnen. Rückblickend erkennen wir eine gewaltige Steigerung. Das Wort der Gewaltlosen ist wahrlich gewaltiger als die Gewalt: „Freuen dürfen sich alle, die keine Gewalt anwenden; denn Gott wird ihnen die Erde zum Besitz geben." (Matthäus 5, 5, GN)

Lebendige Hoffnung

Maranatha

Von *Johann Christoph Blumhardt* dem Älteren wird erzählt, er habe immer einen Wagen bereit gehalten, um damit dem wiederkommenden Jesus Christus entgegenfahren zu können.

Wir Menschen der Moderne lächeln vielleicht über solche „Naivität". Aber um wieviel stärker und tätiger wären unser Glauben und unser Leben, wenn wir im Bewußtsein solcher unmittelbaren Nähe Christi lebten! Vor allem aber wären wir von der großen Adventfreude erfüllt: Jesus, der Christus, ist gekommen und wird wiederkommen! Adventistisches Christentum bietet einer skeptischen und häufig resignierenden Menschheit die Freude der endzeitlichen Weihnacht an.

Von dieser Freude war die Urgemeinde erfüllt. Jubelnd konnte der Apostel Paulus den Philippern zurufen: „Freuet euch! . . . Der Herr ist nahe" (Philipper 4, 4. 5), und die Thessalonicher konnte er mit den Worten trösten: Seid nicht traurig „wie die anderen, die keine Hoffnung haben . . . Denn er selbst, der Herr, wird . . . herabkommen . . ." (1. Thessalonicher 4, 13. 16) Jesus Christus „ist für uns gestorben, damit wir zusammen mit ihm das Leben erlangen" (1. Thessalonicher 5, 10, GN). Petrus konnte den verfolgten Christen seiner Tage Mut machen, auszuharren: „Es ist aber nahe gekommen das Ende aller Dinge" (1. Petrus 4, 7) und: „Wir warten aber auf einen neuen Himmel und eine neue Erde nach seiner Verheißung, in denen Gerechtigkeit wohnt." (2. Petrus 3, 13) Christen sind – wie alle Schreiber des Neuen Testamentes nicht müde werden zu betonen – wiedergeboren zu einer „lebendigen Hoffnung" (1. Petrus 1, 3), zu einer „seligen Hoffnung" (Titus 2, 13) und daher zu einer „besseren Hoffnung" (Hebräer 7, 19).

Diese Hoffnung ist nicht die allgemeine menschliche Hoffnung, die sich an Menschen und ihren Versprechungen oder an den Verhältnissen mit ihrem Wechselspiel orientiert. Beides ist unsicher, denn

Menschen versprechen etwas und halten es nicht; Verhältnisse können sich ändern, müssen es aber nicht. Solche Hoffnung ist „unsicheres Gut“ *(Seneca)*, „Erwartung“, aber nicht „Gewißheit des Möglichen“ *(E. Bloch)*. Solche Hoffnung kann trügen, denn es kann immer auch ganz anders kommen. Und solche Hoffnung ist letztlich begrenzt, denn grundsätzlich kann in der menschlichen Hoffnung das Morgen höchstens ein besseres Heute sein.

Ganz anders aber die christliche Hoffnung. Sie ist eigentlich ein Synonym für den Vertrauensglauben. Sie ist ausgerichtet auf Gott und seine Verheißungen, d. h. auf Gottes zugesagte und erwiesene Treue.

Nachdem Gott die messianischen Verheißungen der Propheten des Alten Testamentes erfüllt und Christus zur Versöhnung gesandt hat, stärkt er jetzt durch die Erfüllung der Zeichen der Zeit unser Vertrauen auf die Wiederkehr Christi. Gott erweist sich durch das erfüllte prophetische Wort als vertrauenswürdig. Die christliche Hoffnung sagt deshalb nicht: Vielleicht wird’s morgen anders werden, sondern: Weil Gott sich in Christus für die Welt dahingegeben hat, ist es schon anders geworden – wir sind versöhnt mit ihm – und wird es gewiß anders werden, denn wir können fest darauf vertrauen, daß Gott die Welt nicht aufgibt. Im Gegenteil: Er will sie neu und vollkommen machen.

Nur so war es den ersten Christen möglich – und das gleiche galt und gilt für die Gläubigen aller Zeiten –, das auszuhalten, was die moderne Theologie „Parusieverzögerung“, Verzögerung der Wiederkunft Christi, nennt. Als ihr Herr zu Lebzeiten der Apostel nicht wiedergekommen war, brach die frühe Christengemeinde nicht zusammen, denn ihre Hoffnung war stark. Sie wußte sich hineingestellt in die Spannung von Nah- und Fernerwartung. Bald und schnell sollte Christus kommen (Offenbarung 22, 20), und dennoch zielten manche Aussagen des Herrn auf Distanz (Matthäus 24, 14; 25, 19). Aus Respekt vor den Worten Jesu wurde solche Spannung nicht gewaltsam harmonisiert und das Problem der Parusieverzögerung nicht durch Unterdrückung der Naherwartungstexte gelöst.

Aus dem gleichen Respekt legten die ersten Christen auch Jesus nichts in den Mund, was er so nicht gesagt hatte. Nirgendwo in der Apostelgeschichte und den Apostelbriefen beriefen sie sich auf ihn, wenn sie vor ein Problem gestellt waren – wie z. B. in der Frage, ob

Heidenchristen beschnitten werden sollten (Apostelgeschichte 15) –, für das der irdische Jesus keine Lösung angeboten hatte. Sie konnten sich nur auf das berufen, was von Jesus überliefert worden war, und mußten damit ihre eigene Lösung finden. Der Herr hatte ihnen den Zeitpunkt des letzten Tages nicht mitgeteilt, also mußte jeder Tag beachtet werden. Die Naherwartungstexte riefen sie in die ständige Bereitschaft, die Fernerwartungstexte in die Geduld. Als manche in ihrer Erwartung schlaff wurden, waren sie nicht überrascht, denn davor hatte Jesus sie gewarnt (Matthäus 24, 48). Als einige die Wiederkunft als schon geschehen betrachteten, ließen sie sich auch nicht verführen, denn Jesus hatte es vorausgesehen (Matthäus 24, 24–27). Aber als Spötter auftraten, welche die Wiederkunft einfach leugneten (2. Petrus 3, 3. 4), mußten die Apostel den Gemeinden in Erinnerung rufen, daß Gott sein Wort hält, weil er absolut zuverlässig ist.

Die Erkenntnis, daß Gott existiert, gehandelt hat, handelt und handeln wird, ging den ersten Christen nicht durch Gottesbeweise oder Göttermythen, sondern durch die Christuserfahrung auf. So konnte der Apostel Petrus den von Spöttern und Freigeistern angefochtenen Gemeinden schreiben: „Denn wir sind nicht klug ersonnenen Fabeln [Grundtext: Mythen] nachgegangen, als wir euch die Macht und Wiederkunft unseres Herrn Jesus Christus verkündigten, sondern wir sind Augenzeugen seiner wunderbaren Herrlichkeit gewesen." (2. Petrus 1, 16, Menge) Das heißt, was die Apostel in den Machtbekundungen durch und an Jesus Christus erlebt hatten, verbürgte ihnen nicht nur die geschehene Offenbarung Gottes in Christus, sondern auch die zukünftige. „So wie damals auf Erden seine göttliche Herrlichkeit (vgl. Markus 9, 2–8) und Natur sichtbar wurde, so wird es am Ende der Tage werden und den Christen an ihr Anteil gewähren (vgl. 2. Petrus 1, 3. 4). Die erste ‚Parusie' (Ankunft) antizipiert und garantiert die zweite."[1]

Daher können die Gläubigen dem prophetischen Wort des Alten Testamentes vertrauen (2. Petrus 1, 20. 21). Haben sich dort die Weissagungen vom ersten Kommen des Messias erfüllt, werden auch die vom zweiten Kommen nicht unerfüllt bleiben. „Um so fester steht uns nun das prophetische Wort, das wir besitzen, und ihr tut wohl, auf dieses acht zu geben als auf ein Licht, das an einem dunklen Ort scheint, bis der volle Tag anbricht und der Morgenstern in euren

Herzen aufgeht." (2. Petrus 1, 19, Menge) An dem finsteren Ort der gegenwärtigen Welt vermag allein das prophetische Wort Licht zu verbreiten, bis der Tag der Wiederkunft (Römer 13, 12) anbricht. Der Morgenstern, der wiederkommende Herr (Offenbarung 22, 16), kommt denen zur Befreiung, die ihn nicht nur mit den Augen, sondern auch mit dem Herzen sehen werden. In 2. Petrus 3, 5–7 schöpft der Verfasser die gleiche Gewißheit aus dem Gerichtshandeln Gottes in der großen Flut der Urzeit. Damals wollten die Menschen auch nicht glauben, daß Gott in nie zuvor erlebter Weise richten und retten kann. So ist es auch mit der Parusie. Sie geht über alles Begreifen und Verstehen hinaus; dennoch ist sie gewiß. Parusieverzögerung ist also nicht Parusie-Illusion!

Was den Menschen als Verzögerung erscheinen mag, ist an sich gar keine, denn Gott rechnet nicht wie wir (2. Petrus 3, 8). Er hat in seiner Vorsehung den Tag längst bestimmt, wie ein anderer Schreiber des Neuen Testamentes bezeugt (Apostelgeschichte 17, 31). Aber Gott handelt barmherzig und ist langmütig, er will den schwach gewordenen Gläubigen, aber darüber hinaus auch jedermann Gelegenheit zur Umkehr geben (2. Petrus 3, 9; Apostelgeschichte 17, 30).

Was als Verzögerung erscheint, ist also weder Vergeßlichkeit noch Versäumnis oder gar Änderung der Absicht, sondern die Distanz, die sich aus der weltweiten Verkündigung des Evangeliums durch die christliche Gemeinde ergibt (Markus 13, 10). Ein Aspekt dieser Distanz ist also in die Verantwortung der Christen selbst gelegt. Deshalb sollen sie den Tag nicht nur „erwarten", sondern auch „beschleunigen" (2. Petrus 3, 12, Grundtext). Sicherlich ist damit nicht gemeint, die Gläubigen könnten durch ihr Wirken den Tag der Wiederkunft fixieren und auslösen. Dies hat sich allein Gott vorbehalten. Aber eingeschlossen in Gottes Handeln mit der Welt ist auch das Handeln seiner Gemeinde mit der Welt. Christen können sich diesem Auftrag, welcher der Parusie vorausgeht, nicht entziehen, sonst könnte Parusieverzögerung nicht zum Versäumnis Gottes, wohl aber zum Versäumnis der Gemeinde werden. Sie werden jedoch immer in dem Bewußtsein leben, dieser übermächtigen Aufgabe nicht gewachsen zu sein und mit ihr nie zu Ende zu kommen, denn nur Gott in seiner Allmacht kann vollenden. Er allein weiß, wann es geschehen soll.

Gerade im Hinblick auf Gottes Willen und Hilfe muß und kann die Gemeinde den Einsatz in jeder Generation wagen, immer in der Hoffnung, daß Gott schneller, mächtiger und wissender, als sie zu begreifen vermag, das Werk beenden kann. Vom Einsatz für die Welt fließt den Hoffenden neue Kraft zu, denn „ein Adler im Flug ermüdet nicht" *(Karl Barth)*. Die Adventhoffnung war und ist, wie *Hanns Lilje* sagt, nicht eine „ferne Spekulation, sondern eine Gegenwartsmacht. In den Zeiten, da diese Hoffnung in der Kirche erlahmte, verfiel sie in Müdigkeit, und ihre Zeugniskraft ließ nach. Die Blütezeiten der Kirche waren, oft im Gegensatz zu den Erwartungen innergeschichtlicher Beobachter, immer auch Zeiten eines lebendigen Glaubens an die Wiederkunft des Herrn. Und das war notwendigerweise so, denn die Eschatologie [die Lehre von der christlichen Hoffnung] ist die Vollendung des Osterglaubens der Gemeinde. Der Glaube an den wiederkehrenden Herrn ist nur die Frucht des Glaubens an den Auferstandenen. Die Welt kann nicht bleiben, wie sie ist, weil Christus nicht im Tode geblieben ist."[2]

Wie die Urgemeinde haben auch die apostolischen Väter, die geistigen Nachfolger der Apostel in der ersten Hälfte des zweiten Jahrhunderts an der Naherwartung festgehalten. „Schnell und plötzlich ... wird er kommen", schreibt *Clemens von Rom*.[3] „Es komme die Gnade und es vergehe diese Welt",[4] heißt es in der Didaché, der ältesten uns überlieferten christlichen Kirchenordnung. *Ignatius*, der Märtyrerbischof aus Antiochien, schreibt an die Gemeinde zu Ephesus: „Die letzten Zeiten sind da; deshalb wollen wir auf der Hut sein und Furcht haben vor Langmut, daß sie uns nicht zum Gericht werde."[5]

Auch die Apologeten, die Verteidiger des Christentums in der Zeit der Verfolgungen des zweiten und dritten Jahrhunderts, waren noch von der Naherwartung geprägt. So wendet sich *Justin der Märtyrer* an den römischen Kaiser *Antoninus Pius* (138–161 n. Chr.) mit den Worten: „Da wir nun gezeigt haben, daß alles, was geschehen ist, vor dem Geschehen schon vorhergesagt war, so muß man in bezug auf ähnliche, aber noch nicht erfüllte Weissagungen der Zuversicht sein, daß sie durchaus in Erfüllung gehen werden. Denn wie die bereits erfüllten Weissagungen, auch wenn sie nicht begriffen wurden, eingetroffen sind, so werden auch die übrigen, auch wenn man sie nicht begreift und ihnen keinen Glauben schenkt, in Erfüllung gehen.

Die Propheten haben nämlich ein zweimaliges Kommen Christi vorhergesagt, das eine, das schon der Geschichte angehört . . . das andere aber, wenn er ihrer Verkündigung gemäß in Herrlichkeit vom Himmel . . . erscheinen wird."[6] „Um der zarten Saat des Christentums willen"[7] und der „Rettung einiger des Menschengeschlechtes"[8] hat Gott das Ende bisher aufgeschoben. Jedoch haben die Menschen nur kurze Zeit zur Bekehrung, denn Christus kommt bald.[9]

Auch die Kirchenväter, die Theologen der alten Kirche, verraten noch hier und da etwas von der lebendigen Hoffnung der ersten Christen. So schreibt z. B. *Cyprian von Karthago* in den Verfolgungen des dritten Jahrhunderts: „Die Worte ‚Dein Reich komme' können wir auf Jesus Christus selbst beziehen, dessen Kommen wir brennend ersehnen."[10] Und weiter: „Das Reich Gottes, geliebte Brüder, ist schon nahe; der Lohn des Lebens und die Freude des ewigen Heils kommen jetzt."[11] Auch von der Freude der apostolischen Zeit sind noch Spuren zu finden, wenn der große Bibelgelehrte *Hieronymus* (4./5. Jahrhundert) an *Heliodor* schreibt: „Kommen, ja, kommen wird jener Tag, an dem dieses Vergängliche und Sterbliche die Unvergänglichkeit und Unsterblichkeit anzieht. Selig der Knecht, den der Herr wachend findet! Dann wird beim Schall der Posaune die Erde mit ihren Völkern erbeben, du aber wirst dich freuen."[12]

Mit fortschreitender Institutionalisierung und Sakramentalisierung der urchristlichen Strukturen und Botschaft in der alten Kirche begann aber auch die Adventhoffnung aus dem Zentrum an die Peripherie des christlichen Blickfeldes auszuwandern. Statt auf das endzeitliche Reich Gottes begann man auf die hierarchische Kirche zu blicken. Mit dem Fortschritt der Zeit begannen die Schrecken des Weltendes die Freude der Befreiung zu verdrängen. Ganz im Gegensatz zu den ersten Christen kann so *Tertullian* gegen Ende des zweiten Jahrhunderts sagen: „Wir wünschen es nicht zu erleben, und indem wir um Aufschub dieser Dinge beten, befördern wir die Fortdauer des Römischen Reiches."[13] Dann verdrängte der ins christliche Denken eindringende griechische Idealismus den biblischen Realismus. *Plato* begann Paulus zu überwuchern. Statt von Wiederkunft und Auferstehung alles zu erwarten, erwartete man nun alles vom Tod und der durch ihn jetzt schon frei werdenden „unsterblichen Seele". Ist im Neuen Testament Unsterblichkeit allein Eigenschaft

Gottes (1. Timotheus 6, 16) und Gabe an die Erlösten bei der Wiederkunft Christi und der Auferstehung der Gläubigen (1. Korinther 15, 50–53), so begann man jetzt auf körperlose Unsterblichkeit sofort nach dem Tod zu hoffen.[14] Besonders die alexandrinische Schule *(Clemens von Alexandrien, Origenes)* bemühte sich, den biblischen Realismus von der zukünftigen neuen Erde in ein gegenwärtiges idealistisches Reich der Seelen im Himmel zu verwandeln. Die Wiederkunft Christi wurde zwar noch geglaubt, aber entweder in weite Ferne gerückt oder als Ereignis im Gläubigen – nach und nach sich ereignend – vergeistigt.[15] So wurde das Reich Gottes zur „Weisheit“ *(Origenes)*,[16] zum „christlichen Römischen Reich“ *(Eusebius)*,[17] zur „katholischen Kirche“ *(Augustinus)*.[18] Durch Verlust der neutestamentlichen Adventhoffnung wurde das Christentum irdisch, mächtig, aber zugleich auch lieblos und arm.

Der Sommer, der nie enden wird

Die Sehnsucht nach der echten Erfüllung der Verheißung war damit jedoch nicht erloschen. Im zweiten Jahrhundert schon protestierte der Montanismus gegen Verweltlichung und Institutionalisierung der Kirche und stellte die Naherwartung wieder in den Mittelpunkt. Die Wirren der Völkerwanderung (4.–6. Jahrhundert) brachten bei vielen Christen die Frage nach dem Ende auf. Im Jahre 1000 n. Chr. gab es eine breite Wiederkunftserwartung im Volk, weil man glaubte, *Augustins* Gleichsetzung des tausendjährigen Reiches (Offenbarung 20, 1–10) mit der Herrschaft der Kirche werde um diese Zeit enden, der Antichrist werde erscheinen und Christus zum Gericht wiederkommen.

Einer der „Haupterwecker des Mittelalters“ *(Walter Nigg)* war der Zisterzienserabt *Joachim von Floris*, der in den Umwälzungen der Kreuzzugszeit das „Zeitalter des Geistes“ und das Millennium – das Tausendjährige Reich – ab 1260 erwartete. Die Bibelbewegung der Waldenser – angeregt durch den Abfall des mittelalterlichen Katholizismus und überzeugt von der Notwendigkeit einer Reformation – erwartete zu ihrer Zeit (13. Jahrhundert) das Ende. Im vielleicht ältesten Dokument, das aus den Reihen der Waldenser stammt, in der sogenannten „Edlen Belehrung“ (La Nobla Leyczon), heißt es:

„Häufig sollten wir wachen und im Gebet verweilen;
Denn wir sehen, daß diese Welt dem Zusammenbruch nahe ist.
Wir sollten sehr begierig sein, gute Werke zu tun.
Denn wir sehen, daß diese Welt sich dem Ende nähert.
Tausend und hundert Jahre sind vollständig erfüllt,
seitdem die Stunde geschrieben wurde,
daß wir in der letzten Zeit seien.
Wir sollen wenig begehren, denn wir sind am Ende.
Jeden Tag sehen wir die Zeichen sich erfüllen,
Vermehrung des Bösen und Verminderung des Guten.
Das sind die Gefahren, von denen die Schrift redet.“[19]

Die Verbrennung des Vorreformators *Johannes Hus* 1415 auf dem Konzil von Konstanz entfachte in Böhmen den „Taboritensturm“. Die Taboriten, der radikale Flügel der Hussiten, waren wie die Waldenser eine Bibelbewegung, aber im Gegensatz zu jenen verstanden sie sich als endzeitliche Sozialrevolutionäre, durch die Gott die Wiederkunft Christi einleiten werde.

Das Positive an all diesen Persönlichkeiten und Bewegungen war die Lebendigkeit ihrer Wiederkunftshoffnung. Eine echte Rückkehr zum Urchristentum gelang ihnen aber nur bedingt, zu viel Unnüchternes, Unausgewogenes und Zeitbedingtes haftete manchen von ihnen an. Während die neutestamentliche Naherwartung in die beständige Bereitschaft ruft, weil der letzte Tag verborgen ist, begann man schon in der alten Kirche, diesen existentialen Charakter der Verheißung durch einen chronologischen zu ersetzen. Man begann, Daten für die Parusie festzulegen. Nach der gnostisch beeinflußten Schrift „Epistula Apostolorum“ aus dem zweiten Jahrhundert sollte die Wiederkunft 150 Jahre nach der Auferstehung erfolgen. Der Donatist *Tyconius* erwartete sie für das Jahr 381, der Kirchenvater *Hippolyt von Rom* um das Jahr 500, der Arzt und Laientheologe *Arnold von Villanova*, ein Anhänger des *Joachim von Floris*, 2300 Jahre nach der Zeit des Propheten Daniel, der im sechsten Jahrhundert v. Chr. gelebt hatte. Der Geißlerführer *Konrad Schmid* sprach von 1369, der Dominikaner *Johann Parisiensis* von 1569 und der Franziskaner *Johann Hilter* von 1651. *Christoph Kolumbus*, der Entdecker Amerikas, glaubte, Christus werde 150 Jahre nach seiner Zeit erscheinen.

Jährlich verringert sich die Fläche des Tropenwaldes durch Rodu
um die doppelte Größe der Bundesrepubl
Ein weiteres Schwinden dieser Wälder bleibt nicht ohne Einfluß auf unser Klim

Ganz im Sinne mancher Stimmen aus der Alten Kirche galt auch im Mittelalter der Tag Christi in erster Linie als „dies irae", als Tag des Zorns, vor dem man sich fürchten müsse. Die Verheißung der Freude war zu einer Erwartung der Angst geworden. Von einer falschen Rechtfertigungslehre ausgehend, der die paulinische Heilsgewißheit unbekannt geworden war und in der man das verdienstliche Mitwirken des Gläubigen zur zukünftigen Heilserlangung forderte, schuf man eine Perspektive der Drohung, Ungewißheit und Angst. Da das tröstliche Wort des Paulus von der Rechtfertigung aus dem Glauben allein (Römer 3, 28) und dem Folgecharakter der guten Werke (Epheser 2, 8–10), die nicht das zukünftige Heil bedingen, sondern das gegenwärtige bezeugen, aus dem Blickfeld geraten war, mußte der Jüngste Tag eher als Drohung denn als Verheißung erscheinen.

Erst die Reformation knüpfte hier wieder – wie in vielen anderen Punkten – an das Urchristentum an. *Luther* war nicht nur der Herold der paulinischen Rechtfertigungslehre, sondern der „Erneuerer der urchristlichen Haltung gegenüber dem Jüngsten Tag" *(Paul Althaus).*[20] Zwar unterlag auch er der Versuchung zu rechnen – er glaubte, die Weltgeschichte werde nicht länger als 6000 Jahre dauern und Christus ungefähr 100 Jahre nach seiner Zeit erscheinen – aber er fürchtete sich nicht davor, sondern sehnte das Kommen des Herrn herbei: „Komm, lieber Jüngster Tag!"[21]

Durch die Wiederentdeckung der paulinischen Rechtfertigungslehre hat der Reformator einen über tausend Jahre alten Glauben der Kirche überwunden und ist kühn zum Ursprung des Christentums zurückgekehrt. Durch Paulus erkannte er aber auch, daß der Stand des Gläubigen ein Haben und zugleich ein Noch-nicht-Haben, ein Sein und zugleich ein Noch-nicht-Sein ist. Schon hat der Christ das Heil im Glauben, aber er hat es noch nicht im Schauen. Schon ist er ein vor Gott Gerechter, dem nicht nur Vergebung, sondern auch eine neue Gesinnung und neues Leben geschenkt sind, aber noch lebt er in einer in sich gespaltenen und gottfremden Welt. Aus diesem biblischen Schon und Noch-nicht wird es verständlich, mit welcher Bewegung, Sehnsucht und Freude *Luther* den Tag Christi erwartete. Denn wer jetzt durch sein Vertrauen zu Gott gewiß sein darf, daß ihm das Heil geschenkt ist, der wird – solange er an Gott bleibt – mit glühendem Sehnen und tiefer Freude dem Tag entgegengehen können, an dem die persönliche Erlösung übergeht in die Erlösung der ganzen Welt: „Hilf, lieber Herr Gott, daß der selige Tag deiner heiligen Zukunft bald komme!“[22]

Diese Hoffnung wurde in *Martin Luther* mit zunehmendem Alter immer stärker, da er feststellen mußte, daß mit Menschheit und Welt nichts mehr anzufangen war. Immer klarer wurde ihm, daß weder die Fürsten noch die Kirche die Probleme der Welt lösen konnten. „Die Welt ist des Teufels Kind . . . ihr ist nicht zu helfen auch zu raten.“[23] „Kein Predigen, Rufen, Vermahnen, Dräuen noch Flehen“[25] hilft mehr. Sie ist des „Teufels Wirtshaus“, in ihr gelten die „umgekehrten zehn Gebote“, und daher ist und bleibt sie eine „Mördergrube“.[26] Papst und Kaiser setzen ihre Hoffnung auf die Politik, die Menschen sehen in den Menschen ihre „Heilande“. *Luther* aber mahnt, auf den „rechten Heiland“ zu warten, der seine Wiederkehr so gewiß verheißen hat, daß er kein „Feiland“, d. h. kein Versager und Lügner ist.

Um seine Gemeinde in dieser Erwartung zu stärken, hat Gott die Zeichen der Zeit gegeben. Wie es für unbedeutende Dinge Zeichen gibt, so muß es für die Parusie als das wichtigste noch ausstehende Ereignis auch Zeichen geben. Diese Zeichen haben nach *Luther* eine mehrfache Bedeutung. Sie geschehen am Himmel, und sie geschehen auf Erden. Sie geschehen den Gläubigen zur Stärkung, und sie geschehen den Ungläubigen zum Gericht, d. h. den Christen sind sie Verheißung auf die kommende Befreiung, den Ungläubigen aber Ansage des kommenden Gerichtes. Letztere haben gegenwärtig noch die „Gnade“, sich nicht darum zu kümmern, während erstere wohl darin schon „Gottes Zorn“ zu erblicken vermögen, der ihnen aber selbst nicht schaden wird, denn Gott erhält die Seinen. Wie weit die Zeichen sich schon erfüllt haben, darüber will der Reformator nicht streiten, aber persönlich ist er der Überzeugung, daß die Zeichen „des Mehrteils schon geschehen sind“. Darüber kann sich der Christ – trotz Katastrophen und Not – nur freuen.

Um solches zu erkennen, braucht man freilich den Glauben, denn die „Sternkundigen“ betrachten dies alles als „natürlich“. Dagegen sieht *Luther* in den Naturkatastrophen seiner Zeit (Überschwemmungen und Erdbeben) sowie in den politisch-religiösen Ereignissen (Abfall des Papsttums und Türkengefahr) Zeichen, die der Glaube erkennt, wobei das Zeichenhafte in der Riesigkeit und Häufigkeit der Phänomene – Luther gebraucht die Ausdrücke „dick und häufig“ – besteht. Der Glaube läßt die Verkündigung der Zeichen als „liebliche, fröhliche Predigt“ erscheinen. An dieser Freude erkennt man den rechten Ausleger, denn die „Sternkündiger und Weissager“ – der Reformator denkt wohl an die Astrologen – reden nur von Katastrophen. Allein der Christ kann das „fröhliche, liebliche Wort, ‚eure Erlösung‘ (Lukas 21, 28)“ verstehen. Daher muß die Parusie mit den Augen der christlichen Hoffnung gesehen werden, nicht mit der weltlichen Vernunft. Diese Hoffnung allein beflügelt unser Leben, so daß *Luther* nicht geboren sein wollte, gäbe es keine Wiederkunft Christi. Die Bosheit der Welt wäre unerträglich, wenn Gott nicht einmal „dreinschlüge“. Das Kommen des „seligen Tages“ muß man ersehnen und nach ihm seufzen und schreien, denn hier in der Welt ist der Christ umringt von „lauter Teufeln“.

Wer daher diesen Tag nicht begehrt, versteht das „Unser Vater“ nicht und vermag es nicht zu beten. Denn nach *Luther* zielt die Bitte „Dein Reich komme“ (Matthäus 6, 10) auf die Parusie. Diese Bitte ist *das* Gebet des Christen. In diesem Sinn modifiziert *Luther* die Worte des Apostels Paulus aus 1. Korinther 15, 19 und sagt: Wenn Christus nicht wiederkäme, wären wir die elendesten unter den Menschen. Jetzt beißen die Christen in den „sauren Apfel“ und trinken ein „bitteres Trünklein“, aber hernach wird das „Süße“ kommen. Darum heißt Christus jetzt die Seinen aufstehen und fröhlich sein. Wenn die Verkündigung des Evangeliums auch keinen Lohn bei den Menschen findet, so lebt und predigt der Reformator doch dafür, daß es der „kleine Haufe“ verstehe. Denn „es ist lang genug Winter gewesen, nun will auch einmal ein schöner Sommer kommen, und ein solcher Sommer, der nie mehr aufhören wird“.[27]

Christus ist Sieger

Die Naherwartung der Wiederkunft Christi war in der Reformationszeit ganz besonders unter den Täufern oder Taufgesinnten lebendig. Sie forderten im Unterschied zu den Lutheranern und Calvinisten nicht nur die biblische Mündigentaufe, die Glaubensgemeinde, die konsequente Gemeindezucht und die Gewissensfreiheit, sondern einzelne unter ihnen vertraten auch den urchristlichen Pazifismus, die Gütergemeinschaft, die Fußwaschung und den biblischen Sabbat (7. Tag) statt des kirchlichen Sonntags (1. Tag). Vor allem waren sie es, die sich am heftigsten gegen die augustinische, auch von den Reformatoren vertretene These wandten: Das Reich auf Erden ist die Kirche. Die mächtig auflodernde Hoffnung auf den Tag der Befreiung wurde durch die soziale Ungerechtigkeit des Feudalsystems und die grausame Verfolgung der Täufer durch die Staats- und Landeskirchen wachgehalten. Sie führte, wie in jeder historischen Bewegung, auch zu Extremen (Täuferherrschaft zu Münster), nach denen aber die Gesamtbewegung nicht beurteilt werden darf. Die Mehrheit der Täufer neigte nicht zu einem radikalen, sozialrevolutionären, sondern zu einem friedlichen, missionarisch aktiven Endzeitglauben. Eine Verkörperung dieser „stillen Endzeiterwartung" *(F. H. Littell)* war der Täuferführer *Melchior Hoffmann,* der unermüdlich in den baltischen Ländern, in Schweden, Nord- und Süddeutschland die Naherwartung der Wiederkehr Christi verkündigte. Seine 1530 in Straßburg veröffentlichte „Auslegung der heimlichen Offenbarung Johannis, des heiligen Apostels und Evangelisten" gipfelt in den Worten: „Christus verkündet, daß seine Zukunft bald solle sein... Und zu ihm spricht der heilige Johannes mit hohem Begehren, daß er nur kommen solle, und zeigt dadurch an, daß, wie der Mut des Johannes, also alle apostolischen Diener geschickt sein sollen, jede Stunde die Zukunft Christi zu begehren und danach zu seufzen ohne Unterlaß."[28]

Andere Schriften, z. B. „Vom Jüngsten Tag" und „Von Trübsalen der letzten Zeit", verraten die gleiche brennende Endzeiterwartung, Daß *Hoffmann* – ähnlich vielen anderen, wie wir gesehen haben – aus Sehnsucht nach dem Reich Gottes ein Datum für die Parusie festsetzen zu können glaubte – er dachte, das Ende werde 1533 beginnen –, ändert nichts an diesem ergreifenden Glaubenszeugnis. Denn für alle jene Männer und Frauen gilt das treffende Wort *Johann Albrecht Bengels*: „Es ist besser, bei der Erforschung der Zeiten – sofern nur Glaube, Hoffnung und Liebe im Herzen sind – verhöhnt und verlacht zu werden, als zusammen mit den starken Geistern der Welt diese geheimnisvollen Mahnungen zu verachten und am Ende durch den Gang der Dinge überrascht zu werden."[29]

Auch im angelsächsischen Puritanismus mit seinem starken Biblizismus und Heiligungsstreben als Protest gegen Traditionalismus und Weltlichkeit lebte die Erwartung der Parusie in besonderer Weise fort. „Befreiung, Befreiung", ruft *Richard Baxter* aus, wenn er vom zukünftigen Kommen Christi redet, und er setzt fort: „O nun, ihr Christen, sollten wir nicht herzhaft jene Bitte aufrichten: ,Dein Reich komme!' Denn ,der Geist und die Braut [Gemeinde] sagen: Komm!' Und jeder Christ, der es hört und liest, soll sagen: ,Komm!' Und auch der Herr selbst sagt: ,Ja, ich komme bald.' So geschehe es: ,Komm, Herr Jesu!'"[30] Noch bewegender formulierte es der berühmte *John Milton,* einer der größten englischen Dichter und Mitarbeiter *Oliver Cromwells,* in seinem Hauptwerk „Das verlorene Paradies":

> „Dann wird er eintreten in die Herrlichkeit
> und wieder einnehmen
> seinen Sitz zu Gottes rechter Hand, hoch erhoben
> über alle Namen im Himmel; und von dort wird er kommen,
> wenn die Auflösung dieser Welt reif sein wird,
> mit Herrlichkeit und Macht,
> zu richten die Lebendigen und die Toten,
> zu bestrafen die Ungläubigen, doch zu belohnen
> seine Gläubigen und sie in die Seligkeit aufzunehmen,
> sei es im Himmel oder auf der Erde –
> denn dann wird die Erde
> überall ein Paradies sein, ein weit glücklicherer Ort
> als dieser Ort in Eden
> und voll von weit glücklicheren Tagen."[31]

Doch ähnlich wie in der frühen Kirche begann auch nach der Reformation die Adventhoffnung zur „Lehre" zu werden und an die Peripherie des Glaubens zu rücken. Der protestantischen Orthodoxie und der katholischen Gegenreformation (17./18. Jahrhundert) war die Hoffnung auf die Wiederkehr Christi, jene Reichshoffnung, nicht unbekannt, aber über dem polemischen Intellektualismus und der konfessionellen Rechthaberei der Gegenwart wurde wieder einmal in den Volkskirchen aus der gemeinsamen christlichen Hoffnung ein unbeachtetes letztes Kapitel der Dogmatik.

Es ging damals auf beiden Seiten mehr um die rechte *Lehre* als um den richtigen *Glauben.* Selbstverständlich gibt es keinen Glauben ohne Glaubensinhalt, aber das Wesentliche am Glauben ist das lebendige Vertrauen, und nicht das formale Wissen. Man würde freilich jenen Christen Unrecht tun, wenn man behauptete, ihnen wäre die Sehnsucht und die Hoffnung auf das Kommen des Herrn ganz verlorengegangen. Die herrlichen Lieder *Paul Gerhardts* beweisen, daß auch in jenem spätscholastischen Zeitalter Männer und Frauen lebten, denen lebendiges Gottvertrauen und urchristliche Zukunftshoffnung nicht unbekannt waren. So heißt es in *Gerhardts* „Adventgesang“ aus dem Jahre 1653:

„Was fragt ihr nach dem Schreien
der Feind und ihrer Tück?
Der Herr wird sie zerstreuen
in einem Augenblick.
Er kommt, er kommt, ein König,
dem wahrlich alle Feind
auf Erden viel zu wenig
zum Widerstande seind.

Er kommt zum Weltgerichte,
zum Fluch dem, der ihm flucht,
mit Gnad und süßem Lichte
dem, der ihn liebt und sucht.
Ach komm, ach komm, o Sonne,
und hol uns allzumal
zum ewgen Licht und Wonne
in deinen Freudensaal.“

Und 1666, im Jahr seiner Amtsenthebung durch den „Großen Kurfürsten“, tröstete er sich und seine Freunde mit einer Nachdichtung des 119. Psalms, die folgendes Bekenntnis enthielt:

„So will ich zwar nun treiben
mein Leben durch die Welt;
doch denk ich nicht zu bleiben
in diesem fremden Zelt.
Ich wandre meine Straßen,
die zu der Heimat führt,
da mich ohn’ alle Maßen
mein Vater trösten wird.“

Aber solche Stimmen waren selten im Zeitalter des aufkommenden Rationalismus. Denn so sehr sich die christliche Orthodoxie von der achristlichen Aufklärung unterschied, eines hatten sie doch gemeinsam: Beide waren zutiefst vernunftgläubig – die Orthodoxie, um den Offenbarungsglauben zu stützen; die Aufklärung, um ihn zu erschüttern. Zwischen beiden stand der Pietismus, die evangelische Erweckung des 17./18. Jahrhunderts, eine der „religiösesten Bewegungen des Protestantismus" *(Walter Nigg)*. Der Pietismus rief wieder zur persönlichen Begegnung mit dem Wort, zum persönlichen Vertrauensglauben, zur persönlichen Entscheidung in der Umkehr zu Gott. Die reformatische Christozentrik erwachte von der Lehre wieder zum Leben, Jesus Christus wurde zur „Passion" der Erweckten, wie es *Nikolaus Graf von Zinzendorf* ausdrückte. Daraus folgte ein Leben tiefer Frömmigkeit und missionarischer Kraft. Jetzt wurde auch der Protestantismus Weltreligion, und die Adventhoffnung begann wieder zu leuchten. „Daß unser Herr Jesus Christus am Jüngsten Tag kommen wird, zu richten die Lebendigen und die Toten . . . ist eine Grundwahrheit",[32] schreibt *Zinzendorf* an den schwedischen König *Friedrich I.*

Zu einer ganzen Welt- und Geschichtsschau ausgearbeitet, erscheint diese Wahrheit bei *Johann Albrecht Bengel*, einem der frömmsten und tiefsinnigsten Theologen jener Zeit. *Bengel* lehrte die Menschen, die Offenbarung des Johannes, das Buch von der Wiederkunft, zu lesen und zu lieben. Tatsächlich hat kaum ein Buch des Neuen Testamentes im Laufe der Geschichte eine so unterschiedliche Wertung erfahren wie das letzte Buch der Bibel. Für *Bengel* war es „aus dem göttlichen Scharfsinn entstanden . . . eine nötige, klare, schöne, völlige Offenbarung."[33] Damit widersprach er entschieden manchen Theologen der frühen Kirche, die lehrten, daß dieses Buch unverständlich sei, ja sogar *Luther,* der meinte, dort Christus nicht finden zu können. Ihnen allen antwortete *Bengel:* „Was zur Lehre und Ermahnung gehört, ist in anderen Büchern enthalten; die Offenbarung aber zeigt allermeist, was geschehen muß, und das mit solchem Ernst, daß der höchste Eidschwur darauf gesetzt ist . . . Dies Buch stellt das, was geschieht, überhaupt, d. i. den Inbegriff der Dinge nach der Reihe durch so viele Jahrhunderte vor, bis auf die *Zukunft Jesu Christi . . .*"[34]

Damit ruft das letzte Buch der Bibel zu einem „völligen, wackeren und heiteren Christentum",[35] denn „das Ziel aller Zeiten der Schrift ist das Kommen Jesu Christi in Herrlichkeit. Der ganze Stand der Gläubigen des Alten Testamentes war die Erwartung des Messias in seinem zweifachen Kommen; der ganze Stand der Gläubigen des Neuen Testamentes war die Erwartung des Heilandes Jesu Christi vom Himmel. Darauf ist alles ausgerichtet."[36]

Gewiß, auch *Bengel* und andere Pietisten blieben von Irrtümern und Enttäuschungen nicht verschont. *Bengels* Berechnung, das erste Millennium werde am 18. 6. 1836 beginnen, erwies sich als unzutreffend. Allein von daher *Bengel* begreifen zu wollen wäre aber verfehlt. Was bei ihm und den meisten Pietisten stimmte, war die adventistische Grundhaltung ihres Christentums: das „Heimweh" *(Jung-Stilling)* nach der verheißenen besseren Welt, in der „Gott wird abwischen alle Tränen" und in der kein Tod, Leid und Schmerz mehr sein wird (Offenbarung 21, 4), auch das feste Vertrauen, daß dieses „Ziel der göttlichen Weltregierung" *(Menken)* unverrückbar feststeht. Noch bis in die Erweckungsbewegungen des 19. Jahrhunderts sind dieses Sehnen und diese Gewißheit wahrnehmbar, wie wir an den protestantischen Liedern jener Zeit sehen können:

„O des Tags der Herrlichkeit!
Jesus Christus, du, die Sonne,
und auf Erden weit und breit
Licht und Wahrheit, Fried und Wonne!
Mach dich auf! Es werde Licht!
Jesus hält, was er verspricht."

Friedrich Adolf Krummacher

„Daß Jesus siegt, bleibt ewig ausgemacht;
sein ist die ganze Welt.
Denn alles ist nach seines Todes Nacht
in Seine Hand gestellt . . .
Ja, Jesus siegt! Wir glauben es gewiß,
und glaubend kämpfen wir.
Wie er uns führt durch alle Finsternis –
Jesus, wir folgen dir!
Denn alles muß vor dir sich beugen,
bis auch der letzte Feind wird schweigen,
Ja, Jesus siegt!"

Johann Christoph Blumhardt

Willkommen, neunzehntes Jahrhundert!

Mit diesen Worten begrüßte *Jung-Stilling* einst das neue Zeitalter, von dem er hoffte, es werde „in den Protokollen der heiligen Wächter ‚Maranatha' heißen".[37] Tatsächlich ist dieses Jahrhundert in die Geschichte eingegangen, nicht nur als Epoche des Nationalismus und der Wissenschaft, sondern auch als Beginn der weltweiten Adventbewegung.

Von den welterschütternden Ereignissen der Französischen Revolution und der Napoleonischen Kriege zutiefst beeindruckt, wandten sich zu Beginn des 19. Jahrhunderts ähnlich wie zur Zeit der Reformation viele Christen, Laien und Theologen dem Studium der prophetisch-apokalyptischen Bücher der Bibel zu. Im Buch Daniel und in der Offenbarung des Johannes hofften sie, Antworten auf die Bedeutung des Zeitgeschehens und den richtigen Ausblick auf das Ziel der Geschichte zu finden.

In England sammelte 1826 der Politiker *Henry Drummond* die an der Prophetie Interessierten in der Albury Konferenz um sich. Dazu gehörten vor allem der Mitbegründer der Schottischen Bibelgesellschaft *Robert Haldane,* der Asienmissionar *Joseph Wolff,* Sohn eines jüdischen Rabbiners, katholischer Konvertit und durch *Drummond* zum protestantischen Glauben geführt, und der presbyterianische Prediger *Edward Irving.* Letzterer hatte das Buch „La venida del Mesias en Gloria y Magestad" des chilenischen Jesuiten *Manuel Lacunza* aus dem Spanischen ins Englische übersetzt und war dadurch zum Glauben an die nahe Wiederkunft Christi gelangt.

Hatte *Bengel* 1836 als das entscheidende Datum angesehen, so spielten bei Anhängern der Albury Konferenz *(W. Cunninghame* und *J. Fry)* die Jahre 1843/44 eine große Rolle. Sie kamen auf dieses Datum auf Grund von Daniel 8, 14: „Bis zu zweitausenddreihundert Abenden und Morgen; dann wird das Heiligtum zu seinem Rechte kommen." *(H. Bruns)* Da die Apokalyptik mit Symbolen arbeitet, so mußte auch das Zeitmaß symbolisch sein. Und da die 70 Jahrwochen (490 Jahre) aus Daniel 9, 24–27 als Schlüssel für die 2300 Abend-Morgen (Tage) betrachtet wurden, so mußte es sich bei den 2300 Tagen um Jahre handeln, die mit den 70 Jahrwochen im Jahre 457 v. Chr. begannen.

Schon viele Kirchenväter *(Hippolyt, Julius Africanus, Hieronymus, Theodoret)* hatten die 70 Wochen als messianische Jahrwochen (70 x 7 Jahre) verstanden. In der Reformationszeit hatten *Heinrich Bullinger* und *Johann Funck* deren Anfang auf 457 v. Chr. festgesetzt, da sie erkannten, daß für die „Wiederherstellung und den Aufbau Jerusalems" (Daniel 9, 25) nur das siebte Jahr des persischen Königs *Artaxerxes I.*, 458/57 v. Chr., in Frage kommen könne (Esra 4, 7–21; 7, 1–26). Die 2300 Jahrtage würden also 1843/44 enden, meinten einige Vertreter der Albury Konferenz. Was aber unter „Rechtfertigung des Heiligtums" zu verstehen sei, konnte nicht einheitlich geklärt werden. Manche dachten, es gehe dabei um eine innergeschichtliche Wende vor der Parusie Christi: Wiederherstellung der apostolischen Wahrheit *(Cunninghame)*, Rückkehr der Juden nach Jerusalem *(Fry)*, andere dachten an die übergeschichtliche Wende der Parusie selbst *(Wolff)*.

Auch auf dem Kontinent meldeten sich um diese Zeit viele adventistische Stimmen. Meistens waren es Gefolgsleute von *Johann Albrecht Bengel. L. H. Kelber* korrigierte *Bengels* Berechnungen von 1836 auf 1843. *H. Richter*, Sekretär der Rheinischen Missionsgesellschaft, und *J. F. E. Sander* kamen zum gleichen Ergebnis, während *C. T. Röhrborn* und *J. F. Wurm* an *Bengels* Ansicht festhielten. Über *Ignaz Lindl* („Leitfaden zur einfachen Erklärung der Apokalypse") beeinflußte der deutsche Pietismus auch die Adventhoffnung der russischen „Stundistenbewegung". Gegen die Abwertung der apokalyptischen Prophetie durch den theologischen Rationalismus wandten sich vor allem *G. Menken* in Deutschland und *L. Gaussen* in der Schweiz. In Holland verbreiteten *Hintzpeter* in Den Haag und *Capadose* in Amsterdam die frohe Kunde vom nahenden Advent. In Schweden entstand damals die Bewegung der „rufenden Stimmen", die zuletzt von charismatischen Kinderpredigern getragen wurde, die durch die Verkündigung der nahenden Vollendung eine große Erweckungsbewegung unter dem einfachen Volk ins Leben riefen.

Die größte Erweckung zu dieser Zeit aber erlebten die Vereinigten Staaten von Amerika. Dort hatte schon im 18. Jahrhundert eine große Erneuerungsbewegung, „The Great Awakening", stattgefunden. Der Calvinist *Jonathan Edwards* und der Methodist *George Whitefield* riefen die laugewordenen Nachfahren der Pilgerväter zu Umkehr und Heiligung. Auswirkungen dieser Neubelebung zeigten sich Anfang des 19. Jahrhundert in der ersten Adventbewegung des baptistischen Laienpredigers *William Miller,* den man einen „amerikanischen Reformator" *(Ellen G. White)* genannt hat.

Miller (1782–1849) stammte aus Pittsfield (Massachusetts) in Neu-England. Von seiner Mutter her christlich geprägt, warf er als junger Mensch, nachdem er *Voltaire, Hume* und *Paine* gelesen hatte, den christlichen Glauben über Bord. Die Bibel schien ihm ein Buch voller Widersprüche zu sein. Im Krieg gegen England (1812–1814) diente er als Hauptmann der Infanterie und nahm an der Entscheidungsschlacht bei Plattsburg am Lake Champlain teil. Der Krieg mit seinem überraschenden Ausgang und seinen blutigen Opfern hatte seinen deistischen Glauben erschüttert. Aber womit sollte er die Leere füllen, die jetzt sein Leben beherrschte? Er schrieb damals: „Die Himmel über mir waren wie Erz, der Boden unter mir wie Eisen. Ewigkeit – was bedeutete dies? Und Tod – warum war er? Je mehr ich nachdachte, desto unsicherer wurde ich ... Ich murrte und klagte, ich litt, aber ohne Hoffnung."[38] Eine Predigt über Jesaja 53 ergreift ihn so tief, daß er sich wieder der Bibel zuwendet und die Gottesdienste in der Baptistengemeinde von Hampton besucht. Seinen ehemaligen deistischen Freunden ruft er zu: „Gebt mir Zeit, und ich werde diese scheinbaren Widersprüche [in der Bibel] lösen."[39] Durch das Studium der Prophezeiungen glaubte er zu erkennen, daß die Bibel nicht zusammenhanglos ist, sondern ein „System von Wahrheiten" darstellt. *Millers* Bedeutung liegt vor allem darin, daß er erkannte, daß die Zeichen der Zeit die Krise der Welt offenbaren und ein „goldenes" Zeitalter" vor der Parusie ausschließen.

Der Gedanke von den „besseren Zeiten" der Kirche, wie er von *Philipp Jakob Spener,* dem Begründer des deutschen Pietismus, vertreten wurde, und vom tausendjährigen Reich, das nicht nach, sondern vor der Wiederkehr Christi stattfinden werde (Postmillenniumstheorie), beherrschte damals die prophetische Auslegung. *Daniel Whitby,* ein anglikanischer Theologe des 17./18. Jahrhunderts und Begründer der Postmillenniumstheorie, prophezeite die Bekehrung der Juden und der Welt bzw. den Fall Roms und des Islam als Anfang eines goldenen Zeitalters des Friedens und Wohlstandes, und erst dann werde Christus wiederkommen. *Miller* brach mit dieser optimistischen Fortschrittstheologie, weil er richtig erkannte, daß die

Parusie (Offenbarung 19) dem Millennium (Offenbarung 20) vorausgeht (Prämillennium) und daß der Auftakt der Parusie nicht die bessere Welt, sondern die Krise der Welt sein wird. Genauso wie die europäischen Adventisten, aber unabhängig von ihnen, faszinierte ihn der Text in Daniel 8, 14. Er glaubte, den Wortlaut der King James-Übersetzung („Bis zu 2300 Tagen: Dann wird das Heiligtum gereinigt werden") auf die Parusie beziehen zu können, denn er identifizierte das Heiligtum mit der Erde und die Reinigung der Erde mit der Parusie.

Fünfzehn Jahre, von 1816 bis 1831, behielt *Miller* diese Ansichten für sich. Zuerst war er sich nicht sicher, ob er recht hatte, denn er wußte von niemandem, der zu gleichen Schlußfolgerungen gelangt war. Später wartete er auf ein Zeichen Gottes, seine Erkenntnis anderen mitzuteilen. Als er wieder einmal nach solch einem Zeichen Ausschau hielt, erschien ein Junge aus der Nachbarschaft und bat ihn, in der Baptistenkirche von Dresden (New York) über die Wiederkunft Christi zu predigen. Nach großen inneren Kämpfen nahm er die Einladung an. Von da an fand er stetig Anhänger, so daß bald eine große Bewegung entstand, die auf ihrem Höhepunkt um die 100000 Menschen zählte. Sie strömten *Miller* aus allen Kirchen zu: Calvinisten (Presbyterianer, Kongregationalisten), Methodisten, Baptisten, Siebenten-Tags-Baptisten, Episkopalisten usw. So besaß die Bewegung ein ökumenisches Gepräge – lange vor dem Beginn der ökumenischen Strömung. Die Einheit war in der Naherwartung und im Prämillennium begründet. *Millers* Ansicht, die Parusie werde um 1843 erfolgen, wurde von den meisten geteilt. Als zwischen dem Frühjahr 1843 und dem Frühjahr 1844 nichts geschah, war die Enttäuschung groß. Noch einmal aber flammte die Begeisterung auf, als Anhänger *Millers* dessen Berechnung auf den Oktober 1844 korrigierten, weil sie glaubten, die Wiederkunft Christi mit dem Heraustreten des Hohenpriesters aus dem Heiligtum am Versöhnungstag verbinden zu können. Aber die Stimmen, die vor Datensetzungen für die Parusie gewarnt hatten – so *Henry Dana Ward,* einer der führenden theologischen Köpfe der Bewegung –, sollten recht behalten. Die erste Adventbewegung erlosch.

Dennoch war sie nicht umsonst gewesen. Sie bildete den Ausgangspunkt für die zweite, weltweite Adventbewegung unserer Zeit. Eine Gruppe von Anhängern *Millers,* darunter der Lehrer *James*

White, dessen Gattin, die charismatisch begabte *Ellen White,* der ehemalige Schiffskapitän *Joseph Bates* und andere waren sich einig, daß *Millers* Naherwartung und Prämillenniumslehre richtig gewesen waren. Auch erkannten sie, daß sie an der Auslegung von Daniel 8, 14 festhalten konnten, denn die Parallelität der Kapitel Daniel 7 und 8 lieferte den Schlüssel zur Korrektur *Millers.* Die „Reinigung des Heiligtums" war nicht die Parusie, sondern das zu Daniel 8, 13. 14 parallel beschriebene Gericht in Daniel 7, 9–14. Die „Rechtfertigung des Heiligtums", d. h. die Rechtfertigung der apostolischen Wahrheit von der Einmaligkeit des Kreuzesopfers (Hebräer 10, 10–14) und vom himmlischen Heiligtum und seinem wahren Hohenpriester Christus (Hebräer 8, 1–5) soll vor Gott und durch Gott im Gericht gegen den „Feind der Wahrheit" (Daniel 8, 12) und dessen Irrlehre vom fortdauernden Opfer in der Messe, vom irdischen Tabernakel und vom sündenvergebenden Priester durchgesetzt werden. Dies geschieht im Himmel durch das Gericht vor dem Universum (Daniel 7, 9. 10) und auf Erden durch eine weltweite Reformationsbotschaft (Offenbarung 14, 6–12).

Das Gericht ist ein „Vorgericht", denn es findet statt, bevor dem Menschensohn „Macht, Ehre und Reich" verliehen werden (Daniel 7, 13. 14), was in der Sicht des Neuen Testamentes auf die Wiederkunft Christi deutet (Lukas 21, 27. 28). Die Verkündigung der Reformationsbotschaft erfolgt auch vor der Parusie (Offenbarung 14, 14. 15) und ruft zum Gehorsam gegen Gottes Gebote auf, die unveränderlich gültig sind (Offenbarung 14, 7. 12). Daher wandten sich diese Adventisten ähnlich den Siebenten-Tags-Baptisten von der kirchlich gebotenen Sonntagsfeier ab und der biblisch gebotenen Sabbatfeier zu (2. Mose 20, 8–11; Matthäus 24, 20; Apostelgeschichte 18, 4). Sie nannten sich Siebenten-Tags-Adventisten in der Überzeugung, daß nur adventistisches, auf den Herrn wartendes Christentum echtes Christentum sei und nur gehorsames Christentum vor dem kommenden Christus bestehen könne. Aus der kleinen Schar von 1844 ist eine der größten Missionsbewegungen der Neuzeit geworden. Getreu dem Wort, daß das Evangelium in der ganzen Welt ausgerufen werden wird (Markus 13, 10; Matthäus 24, 14), gibt es heute Millionen Siebenten-Tags-Adventisten auf allen Kontinenten, welche der Menschheit die „lebendige Hoffnung" auf das zweite Kommen Christi verkündigen.

Wandlung der Welt

Die Gerechtigkeit wird kein Ende haben

Das erste und zweite Kommen des Messias ist die christliche Antwort auf die Frage nach dem Sinn des Lebens und der Geschichte. Das Christentum gleicht, um ein Wort *Karl Heims* aufzugreifen, einer Brücke, die von zwei Pfeilern getragen ist. Der eine ist das Kreuz von Golgatha, der andere die Wiederkunft Christi.[1] Man kann auf keinen Pfeiler verzichten, ohne die ganze Brücke zum Einsturz zu bringen. Am Kreuz hat Gott in Christus die Welt mit sich versöhnt, indem der Richter zum Gerichteten wurde für jene, die des Gerichtes schuldig sind.

Da diese Wahrheit nur im Vertrauen faßbar ist, kann ihr widersprochen werden. Gott wartet, daß die Menschen sein Versöhnungsangebot annehmen. Wiederkunft Christi bedeutet aber, daß Gott jederzeit für dieses Angebot Verantwortung einzufordern vermag. Versöhnung bleibt Angebot, Gericht wird durchgesetzt. Versöhnung und Rechtfertigung des Menschen fordern Erlösung und Umgestaltung der Welt. Das ewige Leben, das der Mensch im Glauben besitzt, soll auch ewiges Leben im Schauen werden (Johannes 5, 24. 28. 29). Jeder der beiden Pfeiler der Brücke kündet von Gottes Liebe und Gottes Gerechtigkeit.

Gerechtigkeit auf Erden, Ende des Unrechts, Aufhebung aller Ungerechtigkeit, ist ein alter Menschheitstraum. Er ist bis heute unerfüllt geblieben, und er wird so lange unerfüllt bleiben, wie ungerechte Menschen Gerechtigkeit verwirklichen wollen. Weder ist die Weltgeschichte das gerechte Weltgericht, noch bedeutet menschliches Recht auch immer Gerechtigkeit. Wahre Gerechtigkeit kann nur von dem kommen, der allein gerecht ist (Römer 3, 10. 26). Nun ist Gottes Gerechtigkeit weit mehr als juristische Gerechtigkeit. Gottes Gerechtigkeit ist schenkende Gerechtigkeit, ist Barmherzigkeit, mit der er für uns ins Gericht des Kreuzes geht und dem Glaubenden Vergebung gewährt. Da Gott dabei aber sein Gesetz ernst nimmt, ist seine Gerechtigkeit auch fordernde Gerechtigkeit, die für den Ungläubigen zur Verurteilung wird. Wenn Christus kommt, wird er jeden nach seinen Werken beurteilen (Offenbarung 22, 12). Da das Entscheidende dabei der Glaube an Christus ist (Johannes 6, 29), wird die Stellung zu ihm jedes Menschen Leben entscheiden. Wer an Christus glaubt, wird in die neue Welt Gottes eingehen; wer sich Christus verweigert, hat sein Lebensrecht verwirkt.

Gott hat dieses letzte große Geschehen der Befreiung, aber auch der Verurteilung schon durch die vielen zeitlichen Gerichte der Heilsgeschichte illustriert. So war die Flut Errettung für Noah und die Seinen, weil sie Gottes Wort und Aufforderung im Glauben ernst genommen hatten. Für ihre ungläubigen Zeitgenossen war es der Untergang. So wurde Lot aus Sodom errettet, während die Spötter zugrundegingen. So wurden auch die ersten Christen vor der Zerstörung Jerusalems und deren Folgen bewahrt, während der Großteil des übrigen Volkes umkam oder in die Gefangenschaft geführt wurde.

Aber nicht immer liegen Gottes Wege so offen vor uns. Der Prediger klagt: „Es ist eitel, was auf Erden geschieht: es gibt Gerechte, denen geht es, als hätten sie Werke der Gottlosen getan, und es gibt Gottlose, denen geht es, als hätten sie Werke der Gerechten getan.“ (Prediger 8, 14) Ja, schlimmer noch! Weil Gott zu schweigen scheint, nimmt das Verwerfliche überhand: „Weil das Urteil über böses Tun nicht sogleich ergeht, wird das Herz der Menschen voll Begier, Böses zu tun.“ (Prediger 8, 11) Ähnlich ereifert sich auch der Psalmist über das Glück der Ungerechten (Psalm 73, 2–12). „Soll es denn umsonst sein, daß ich mein Herz rein hielt und meine Hände in Unschuld wasche?“ (Psalm 73, 13)

Solche Fragen können den Menschen fast in den Wahnsinn treiben (Psalm 73, 22), und er findet doch keine befriedigende Antwort (Psalm 73, 16). Er kann sich nur gegen Erfahrung und Vernunft an Gott klammern in festem Vertrauen, daß Gott eines Tages diese Rätsel auch für ihn auflösen wird: „Dennoch bleibe ich stets an dir; denn du hältst mich bei meiner rechten Hand, du leitest mich nach deinem Rat und nimmst mich am Ende mit Ehren an. Wenn ich nur dich habe, so frage ich nichts nach Himmel und Erde. Wenn mir gleich Leib und Seele verschmachtet, so bist du doch, Gott, allezeit meines Herzens Trost und mein Teil." (Psalm 73, 23–26) Beiden aber wird jetzt schon ein Hinweis zuteil, der ihnen hilft, die augenscheinliche Widersprüchlichkeit der Gegenwart durchzuhalten: Gottes Gericht.

Der Psalmist findet die Antwort im Heiligtum, im Tempel (Psalm 73, 17). Dort wurde im Alten Bund am Versöhnungstag einmal im Jahr das gläubige Volk durch ein Opfer von aller Übertretung freigesprochen, während die Ungläubigen aus dem Volk ausgerottet wurden. Der Versöhnungstag war also zugleich Heils- und Gerichtstag. Dem Prediger geht dies sogar als Quintessenz seiner ganzen Rede auf: „Laßt uns die Hauptsumme aller Lehre hören: Fürchte Gott und halte seine Gebote; denn das gilt für alle Menschen. Denn Gott wird alle Werke vor Gericht bringen, alles, was verborgen ist, es sei gut oder böse." (Prediger 12, 13. 14)

Wiederkunft Christi bedeutet somit die letzte, gerechte und entscheidende Wertung alles dessen, was die Menschheit in ihrer Geschichte aufgebaut und niedergerissen hat. Eroberungen, Weltreiche, Ideologien, Philosophien, Religionen, aber auch persönliche Gedanken, Worte und Taten werden zum ersten Mal als das erscheinen, was sie eigentlich wert sind.

Was vor den Menschen groß schien, kann in den Augen des gerechten Richters wertlos sein. Was den Menschen töricht und lächerlich erschien, kann sich als wahr und gut erweisen. Verbrechen, die nie oder nicht gerecht gesühnt wurden, kommen ans Licht und werden gerecht verurteilt werden. Die Gewaltherrscher der Geschichte, Cäsaren, Inquisitoren, Diktatoren können jetzt nicht mehr triumphieren. Wer die Erde verdorben hat, wird selbst verderben (Offenbarung 11, 18). Die Wahrheit der christlichen Frohbotschaft, die bis dahin nur den Gläubigen aufgegangen war, setzt sich durch. Alle, auch die Gottlosen, müssen Jesus Christus als Herrn anerkennen (Philipper 2, 9–11).

Während noch die gottfeindlichen Mächte auf Erden toben, beginnt Gott schon mit dem Gericht im Himmel (Daniel 7, 9–14). Gott tritt dort vor den Wesen der himmlischen Welt für sein auf Erden verfolgtes Volk (Daniel 7, 21. 22) und seine Wahrheit (Daniel 8, 12) ein, indem er über Abfall und Widersacher Gericht spricht. Dabei überträgt er einem, der „gleich ist einem Menschensohn" die Herrschaft über die Reiche der Erde (Daniel 7, 13. 14). In der Sicht des Neuen Testaments verwirklicht sich dies in der Parusie (Lukas 21, 27), denn der Menschensohn, der kommt und alle Reiche aufhebt, um sein Reich aufzurichten, ist Jesus Christus. Wenn er in Macht kommt, wird die ungläubige Welt seinem Wort nicht widerstehen können (Offenbarung 19, 11–21). Das Wort wird sie hinwegraffen (Jesaja 11, 4). Die Gläubigen werden ihn aber als Befreier der Welt begrüßen (Jesaja 25, 9). Es kommt zu einer gigantischen Scheidung der Menschheit (Matthäus 25, 31–33). Diese Scheidung geht nicht nur über die Lebenden, sondern auch über die Toten.

Während die lebenden Ungläubigen vor der Macht des Richterworts nicht bestehen können und sterben, die toten Ungläubigen noch in den Gräbern bleiben müssen, erfolgt die „erste" Auferstehung (Offenbarung 20, 6), die Auferstehung der „Toten in Christus" (1. Thessalonicher 4, 16), die Auferstehung der „Gerechten" (Lukas 14, 14). Die lebenden Gläubigen werden mit den auferstandenen Gläubigen vereint zur großen Welt-, Gerichts- und Ewigkeitsgemeinde.

Der Glaube kann den Ablauf dieser gewaltigen Szenen nur nachbuchstabieren. Das Unvorstellbare läßt sich jetzt nur beschränkt fassen, die Wiederkehr des Herrn ist eine Dimension, die alle menschliche Realität sprengt. An der Verheißung der Auferstehung ändert dies jedoch nichts. Sie ist *das* Lebensangebot Gottes. Die Patriarchen hofften auf sie (Hebräer 11, 17–19. 35), die Propheten verkündigten sie und trösteten sich mit ihr (Jesaja 26, 19; Daniel 12, 2. 13), Jesus Christus hat seine Unsterblichkeit durch sie bezeugt (Johannes 11, 25. 26), und die Apostel haben in ihr den eigentlichen Wert der christlichen Botschaft gesehen.

Ohne Auferstehung wäre der Christ ohne Hoffnung über den Tod hinaus, und die Wiederkunft Christi wäre für die verstorbenen Gläubigen bedeutungslos. Letztlich würde das ganze Christentum auf Sand gebaut sein, wenn nicht Christus selbst auferstanden wäre. Gerade weil er auferstanden ist, begründet seine Auferstehung auch die Auferstehung der Gläubigen (1. Korinther 15, 14–19). Im Vertrauen auf die Zusage „Gott kann" faßt der Glaube die Verheißung einer alles übersteigenden, ganz anderen Realität. Kaum einer hat das besser begriffen als *Martin Luther*. Er sagt: „Da denkt die Vernunft also: Wo will unser Herrgott den Leib wieder nehmen? Wohlan, sagt Gott, ich sag's, es ist mein Wort. Derhalben ist's wohl nicht allein unglaublich, sondern auch unmöglich anzusehen, aber glaubst du es, so soll es wahr werden; denn ich bin allmächtig und kann aus nichts alle Dinge machen. Was sind wir doch vor 100 Jahren gewesen? Ebensowenig wie das Kind, das in 20, 30, 40 Jahren nach uns soll geboren werden. Weil nun Gott die Kunst kann, aus nichts alle Dinge zu machen, so wird er ja auch das können, daß er aus dem, was etwas gewesen, wieder etwas machen wird. Darum soll man nicht darnach sehen, ob ein Ding möglich sei, sondern also soll man sagen: Gott hat es gesagt, derhalben wird es geschehen, wenn es sonst schon unmöglich wäre. Denn ob ich's gleich nicht sehen, noch greifen kann, so ist er doch der Herr, der aus einem Unmöglichen ein Mögliches und aus nichts alles machen kann."[2]

So ist die Wiederkunft Christi nicht nur das Ende von Ungerechtigkeit und Schuld, sondern auch von Leid und Tod. An jenem Tag werden sich die Gläubigen wiedersehen. Die Leiden dieser Welt, die Schmerzen dieser Existenz werden vergessen sein. Jesu Nachfolger werden, zu unsterblicher Leiblichkeit verwandelt (1. Korinther 15, 51–57), teilhaben am Triumph des Messias. Lebende und Auferstandene werden zusammen aus der alten Welt der Vergänglichkeit, der Zerstörung und des Todes entrückt in die Gegenwart Gottes und Christi. Sie werden Teilhaber an der himmlischen Welt (1. Thessalonicher 4, 15–18).

Millennium – die große Gerichtszeit

Diese Teilhabe bedeutet Anteil an der Herrschaft Christi und Mitwirkung im Gericht. Die Gläubigen sollen mit Christus zusammen die sichtbare und unsichtbare Welt richten (1. Korinther 6, 2. 3). Diese Periode des göttlichen Weltplans ist das Millennium, das tausendjährige Reich, das Reich Christi, des Sohnes (Offenbarung 20, 4). In dieser Zeit ist die Erde durch die letzten Ereignisse – gewaltige Katastrophen und Gerichte (Offenbarung 16), die bei der Parusie (Offenbarung 16, 15) geschehen sollen – im Zustand der Verwüstung. Da die Ungläubigen tot – die Verstorbenen sind noch nicht auferstanden, die Lebenden sind von der Macht des Wiederkommenden getötet worden – und die Gläubigen zu Gott entrückt sind, ist Satan, der Widersacher, „gebunden" (Offenbarung 20,

1–3). Da er niemanden verführen kann, ist er im Millennium entmachtet. Er wird in den „Abgrund“ geworfen. Der Abgrund (griech. Abyssos) ist die verwüstete Erde, die wieder dem Abgrund oder der Tiefe vor der Schöpfung gleicht (1. Mose 1, 2). Während nun Satan auf Erden entmachtet ist, halten Christus und die Gläubigen das große Weltgericht im Himmel. Dieses Gericht entscheidet nicht mehr über Leben oder Tod – dies geschah ja schon im Gericht vor und bei der Parusie –, sondern über das Strafmaß, das die gottwidrige Welt der Dämonen und Menschen nach dem tausendjährigen Reich im Vollstreckungsgericht treffen soll.

Ein gewaltiges Panorama tritt dem Leser der Offenbarung des Johannes vor das geistige Auge. In aufwühlenden, die menschliche Fassungskraft übersteigenden Szenen wird dieser letzte Teil des Weltplanes Gottes vorgeführt. Nach den tausend Jahren sieht Johannes das himmlische Jerusalem mit Christus und den Gläubigen zur Erde kommen (Offenbarung 21, 2). Der Richter und seine Zeugen erscheinen. Um das Gericht zu verwirklichen, bedarf es nun der Erscheinung derer, die gerichtet werden sollen. So erfolgt jetzt, am Ende des Millenniums, die „zweite“ Auferstehung (Offenbarung 20, 5), die Auferstehung des „Gerichts“ (Johannes 5, 29) und der „Schmach“ (Daniel 12, 2). Unter den Massen der Ungläubigen findet der Versucher wieder williges Gehör. Er kann wieder unter den Menschen wirken, ist nicht mehr gebunden. Dies ist die „kleine Zeit“ (Offenbarung 20, 3. 7. 8) zwischen dem Millennium und dem Vollstreckungsgericht.

In abgrundtiefem Haß treiben die Dämonen die Massen noch einmal gegen Christus und die Gläubigen im neuen Jerusalem (Offenbarung 20, 9). Der Angriff aber gelingt nicht, er ist nur zugelassen, um Satan und seine Anhänger ins Gericht zu führen. Feuer fällt von Gott aus dem Himmel und bildet einen gewaltigen Feuersee, in welchem die Bösen, ob Dämonen oder Menschen, vernichtet werden (Offenbarung 20, 9). Diesen Endzustand der Vernichtung nennt die Bibel den „zweiten Tod“ (Offenbarung 21, 8). Alle Ungläubigen werden vom Feuer „verzehrt“ (Hebräer 10, 26. 27), sie werden zu „Asche“ (Maleachi 3, 19. 21), sie werden sein, als wären sie nie gewesen (Obadja 16). Dies alles geschieht nicht in einem Augenblick, sondern nach dem im Millennium verfügten Urteil, das sich aus der größeren oder geringeren Schuld der Ungläubigen herleitet. Der Richter hat nach den Werken geurteilt (Römer 2, 5. 6). So dauert die Strafe der Verurteilten in die „Zeitalter der Zeitalter" hinein (Offenbarung 14, 11, griech. Text), bis letztlich alles Böse und alle Bösen ausgetilgt sein werden.

Das griechische Wort für Ewigkeit (Äon) ist ein vielschichtiges Wort und muß vom Zusammenhang her gedeutet werden. Es kann Ewigkeit ohne Anfang und Ende bedeuten, wenn von Gott die Rede ist, Ewigkeit mit Anfang und ohne Ende, wenn vom ewigen Leben gesprochen wird, und Ewigkeit (Zeitalter) mit Anfang und mit Ende, wenn es um die Strafe der Ungläubigen geht. Dem Zusammenhang muß hier die letzte Entscheidung überlassen werden. Gerade dieser aber verbietet den Begriff der Endlosigkeit bei der Bestrafung der Ungerechten, denn auf der neuen Erde wird kein Leid, kein Geschrei und Schmerz mehr sein (Offenbarung 21, 4). „Das im griechischen Urtext des NT allermeist für Ewigkeit gebrauchte Wort ‚Äon'" – so heißt es im „Biblisch-theologischen Handwörterbuch" von *Osterloh* und *Engelland* – „bezeichnet im vorchristlichen Griechisch alles andere als die leere Ewigkeit. Für ‚Grenzenlosigkeit' hat das Griechische andere Begriffe ... die im NT nur am Rande bzw. gar nicht gebraucht werden ... Was ewig ist, *braucht nicht endlos zu dauern,* nicht einmal, solange die Welt besteht."[3]

So kennt die Bibel wohl ein Feuergericht, nicht aber das, was man landläufig als „Hölle" bezeichnet. Die Vorstellung einer gegenwärtigen und endlosen Hölle beruht auf dem Irrtum von der Unsterblichkeit der Seele und auf der häufig falschen Übersetzung des hebräischen Wortes „Scheol" und des griechischen Wortes „Hades". Beide bedeuten Grab, Grube, Totenreich.[4] Einzig und allein das im Neuen Testament vorkommende Wort „Gehenna" bedeutet zukünftiges Feuergericht, in das die Ungläubigen dann geworfen werden, wenn die Gläubigen ins sichtbare, ewige Reich eingehen (Matthäus 18, 9). In diesem Feuer wird der ganze Mensch, Leib und Leben, zugrunde gehen (Matthäus 10, 28). In der Bibel wird daher nur das Feuer – insofern es eine unwiderrufliche, ewige Wirkung nach sich zieht –, und nicht das Leben, das ins Feuer geworfen wird, „ewig" genannt. Die Heilige Schrift lehrt also nicht die Endlosigkeit der Qualen, sondern die Vernichtung des verwirkten Lebens. Folgende Skizze ist der Versuch, die grandiosen und alles Vorstellbare übersteigenden Szenen des letzten Buches der Bibel zu ordnen und darzustellen:

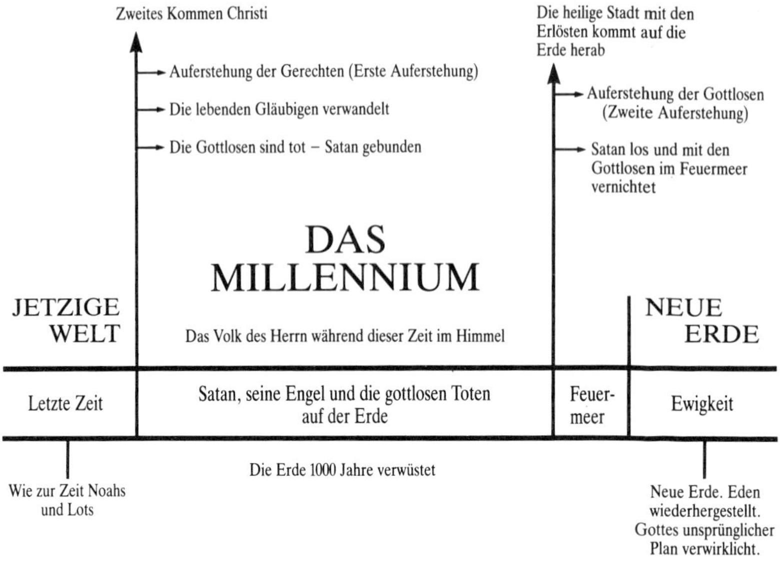

Diese Sicht vom Millennium stützt sich auf die zeitliche Abfolge des Endzeitgeschehens wie es in den letzten Kapiteln der Offenbarung des Johannes geschildert wird.

Offenbarung 15–18: Die letzten sieben Plagen als Gerichte über die gottwidrige Welt.

Offenbarung 19: Die Parusie.

Offenbarung 20: Das darauf folgende Gericht der tausend Jahre.

Offenbarung 21–22: Die Aufrichtung der neuen Welt.

Nach dieser Schau kommt Christus *vor* dem Millennium wieder (Prämillennium), und das Millennium selbst ist eingegrenzt von der ersten und zweiten Auferstehung. Dies ist der altchristliche Chiliasmus (Lehre vom tausendjährigen Reich), die älteste, dem Denken der Urchristenheit verwandteste Anschauung. Die ersten Ausleger der frühen Kirche – *Justin der Märtyrer* und *Irenäus* im zweiten Jahrhundert,[5] *Tertullian* im dritten Jahrhundert[6] und *Laktanz* im vierten Jahrhundert[7] – waren alle Vertreter des Prämillenniums. Sie übersahen, daß das Millennium Gerichtszeit ist und das Gericht im Himmel stattfindet (1. Thessalonicher 4, 16. 17; Offenbarung 20, 4). *Johann Albrecht Bengel,* der große Ausleger der Offenbarung aus der im Tode und gehet dadurch ins Leben. Aber der Gottlose gehet vom Leben und fühlet den Tod ewiglich; wie wir denn sehen, daß etliche zittern, zweifeln und verzagen, unsinnig und toll werden in Todesnöten. Darum heißt auch der Tod in der Schrift ein Schlaf. Denn gleichwie der nicht weiß, wie ihm geschieht, der einschläft, und es ist unversehens morgens, wenn er aufwacht, so werden wir plötzlich auferstehen am Jüngsten Tag, daß wir nicht wissen, wie wir in den Tod und durch den Tod gekommen sind."[25]

So wie dieses Leben ein leibliches ist, wird auch das ewige Leben leiblich sein. In der Bibel geht es nicht um Erlösung *vom* Leib, sondern um die Erlösung *des* Leibes (Römer 8, 23). Aber es wird eine „verklärte" Leiblichkeit (Philipper 3, 21), eine „geistliche" Leiblichkeit (1. Korinther 15, 44. 46) sein, in der die Erlösten dem Auferstandenen ähneln werden (1. Korinther 15, 47. 49): menschlich, aber unsterblich, herrlich und in Kraft (1. Korinther 15, 42. 43). Der neue Leib wird dem Geist gehorchen und nicht mehr gebunden sein an Raum und Zeit (Johannes 20, 19). Wie man einem Mohnkorn nicht die herrliche Blüte ansieht und einer Eichel nicht den mächtigen Eichbaum, so verhält sich unser Leib zum Körper der Herrlichkeit. Aber diese Herrlichkeit hebt unsere Identität nicht auf. Die Vollendeten dort sind identisch mit den Hoffenden hier. Sie werden sich als die erkennen, die sie gewesen sind, und sie werden die anderen erkennen: die Patriarchen (Matthäus 11, 8), Christus (Matthäus 26, 29), die Freunde (Lukas 16, 9). Neue Erde bedeutet ungetrübtes Wiedersehen der Gläubigen in einem vollkommenen Leben ohne Ende.

Neue Erde bedeutet aber auch Neuwerden der Natur. Zwischen der Personenwelt und der Naturwelt besteht ein enger Zusammenhang. Der Mensch hat in seinen Fall auch seine ihm anvertraute Umwelt hineingezogen (1. Mose 3, 17–19). So sehnt sich die Natur unbewußt nach der Freiheit von Vergänglichkeit und Tod (Römer 8, 19–22). Wenn der Mensch frei sein wird, wird auch seine Umwelt befreit werden. Aber wie die Erlösung des Menschen nicht nur Wiederherstellung, sondern auch Verherrlichung sein wird, genauso wird auch die Natur noch schöner und reicher sein als jetzt: „Denn auch die Schöpfung wird frei werden von der Knechtschaft der Vergänglichkeit zu der *herrlichen Freiheit* der Kinder Gottes." (Römer 8, 21) Diese Verherrlichung ist eine neue Existenzweise, von men. Ich will zu meinem Vater gehen und zu ihm sagen: Vater, ich bin vor Gott und vor dir schuldig geworden; ich verdiene es nicht mehr, dein Sohn zu sein' ... So machte er sich auf den Weg zu seinem Vater.") Und der Vater, der ihn schon von weitem sieht, ihm entgegenläuft, ihn umarmt und küßt, ist ein Bild des barmherzigen Gottes, der vergibt, annimmt und beschenkt („Holt das beste Kleid für ihn, steckt ihm einen Ring an den Finger und bringt ihm Schuhe. Holt das Mastkalb und schlachtet es. Wir wollen ein Fest feiern und uns freuen! Mein Sohn hier war tot, jetzt lebt er wieder. Er war verloren, jetzt ist er wiedergefunden.")

„Umkehren heißt also zum Ursprung, zum Vaterhaus, zurückkehren. Die Chance der Menschen liegt darin, daß sie wieder dorthin zurückgehen können, woher sie kommen: in die unmittelbare Nähe Gottes." *(Ralf Luther)*[2] Was aus Gott stammt, sich aber von ihm gelöst hat, soll wieder mit ihm vereinigt werden: Im Denken, Reden, Handeln sollen jetzt schon Signale der neuen, kommenden Welt gesetzt werden. Nur wer sich jetzt schon annehmen läßt, der wird auch einst aufgenommen.

Damit und mit nichts anderem beginnt der Aufbruch zur Zukunft, zur Wiederkehr des Messias und zur Wandlung der Welt. Nicht vermeintliche Verdienste, nicht Pflege gewachsener Traditionen, nicht nominelle Zugehörigkeit zu einer Kirche, sondern allein die bewußte und freie Hinwendung zum Gott des Evangeliums ist der erste Schritt zum Heil. Daß dieser erste Schritt auf Gott hin nur möglich ist, weil Gott in Christus schon vorher auf uns zugeschritten ist, zeigen die beiden anderen Gleichnisse im selben Kapitel, das Gleichnis vom verlorenen Schaf unf das Gleichnis vom verlorenen Groschen (Lukas 15, 3–10). Bewußte und freie Umkehr sind auch nicht als Werk des Menschen zu verstehen, sondern als Gabe Gottes (Apostelgeschichte 5, 31). Diese Gabe ist Wirkung des gehörten Wortes (Apostelgeschichte 16, 14). Daher beginnt Umkehr immer mit dem Ruf zur Umkehr (Matthäus 9, 13).

Wie grundlegend diese Erkenntnis ist, zeigt der Bußruf (Ruf zur Umkehr) der Propheten an Israel: „Wendet euch zu mir, so werdet ihr gerettet." (Jesaja 45, 22) Außer diesem Weg gab es keinen anderen. Weder die Berufung auf die Vergangenheit der Väter noch auf die Gegenwart des Tempels und der Priester führte zu Gott (Jeremia 7, 3. 4; 18, 18). So hat auch Jesus seine Predigt von der

Gottesherrschaft mit dem Ruf zur Umkehr begonnen (Matthäus 4, 17), und die ersten Christen forderten Umkehr als Voraussetzung zur Taufe und zum Eintritt in die Gemeinde (Apostelgeschichte 2, 38. 41). Diesen Ruf richteten die Apostel an die ganze Welt, an die Juden und Heiden (Apostelgeschichte 20, 21).

Auch die schon Umgekehrten müssen diesen Ruf immer wieder hören und annehmen, wenn sie auf dem Kurs zur Zukunft bleiben wollen, weil die Gefahr des Abweichens auf eigene Wege und Ziele immer gegeben ist (Offenbarung 2, 5. 16; 3, 3. 19). Das ganze Leben soll beständige Umkehr sein, wie *Martin Luther* in der ersten der 95 Thesen sagt, ja, jeden Tag ist uns Umkehr aufgegeben *(Ellen G. White)*. Solche Umkehr ist nach Jesus Christus ein freudiges Gehen (Nachfolge), nach dem Apostel Paulus ein eifriges Laufen (Nachjagen), und nicht ein widerwilliges Kriechen, ein selbstgefälliges Stillehalten oder gar ein Rückzug. Weder der einzelne Christ noch die gesamte Christenheit können ihre Existenzberechtigung allein von einem Kultur-, Sozial- und Politikauftrag ableiten, so wichtig auch Bewahrung der Kultur, sozialer Einsatz und politische Verantwortung für den „Umgekehrten“ sein mögen. Letztlich zählt nur die Abkehr vom Eigenweg und die Hinkehr zum Christusweg, der Verzicht auf Selbstbestimmung und der Eintritt in die Nachfolge Christi.

Ein solches Leben ist freilich trotz aller Gewißheiten ein Wagnis. Das Vertrauen zu Gott, aus dem die Hoffnung entspringt, muß immer wieder gewagt werden. Das Leben des Hoffenden ist ein Leben beständiger Hingabe an den, der zu Vertrauen und Hoffnung herausfordert. Er wandelt im Glauben, nicht im Schauen (2. Korinther 5, 7).

Der Glaube hat seine Gewißheiten – Gott wird das, was er in Christus schon erfüllt hat, gewiß zur Vollendung bringen –, aber diese Vollendung ist noch Verheißung, nicht schon Erfüllung. Darum unterscheidet sich Gewißheit von Sicherheit. Sicherheit lebt von objektiven Beweisen, Gewißheit lebt vom persönlichen Glaubensvollzug. Sicherheit ist notwendig in der Wissenschaft. Ohne sie wäre zum Beispiel der Mensch im Weltall verloren, aber sie deckt nur einen Teil unserer Existenz ab; sie fordert den Intellekt und erstreckt sich auf den Bereich von Rechnung und Experiment. Daß zwei mal zwei vier ergibt, ist durchaus richtig, sagt aber überhaupt nichts aus über die Ursprungs-, Sinn- und Zielfrage unserer Existenz. Diese Grundfragen sind eben keine kalkulierbaren Aufgaben, sondern Geheimnisse, über die der Mensch spekulieren kann oder die er sich aus der Offenbarung in Christus erschließen läßt. Der Weg dazu ist die Herausforderung unseres Vertrauens zum Vertrauenswürdigen. Und der Gott der Bibel erweist sich als vertrauenswürdig in Jesus Christus: durch das Leben, das er lebte (Johannes 8, 46); durch die Worte, die er sprach (Johannes 7, 46); durch die Taten, die er vollbrachte (Johannes 14, 11); und durch die Prophetie, die er erfüllte (Johannes 5, 39. 46).

So herausgefordert, wird der Mensch zur Hingabe ermutigt, d. h. zur vertrauensvollen Nachfolge, zum Erleben, daß Gottes Zusagen auch für ihn persönlich wahr sind. Für den, der dieses Wagnis eingeht, verdichtet sich die Erfahrung zur Gewißheit: Gott hält seine Zusagen und verdient Vertrauen für seine Verheißungen. Diese Überzeugung rührt nicht nur an den Intellekt, sondern an die ganze Existenz. Darum ist Hingabe viel mehr als Erkenntnis, weil sie den ganzen Menschen betrifft und verändert. Darum ist auch Gewißheit mehr als Sicherheit. Mit Sicherheit kann man operieren, von Gewißheit kann man leben. Die Sicherheit braucht man zur Bewältigung des physischen Lebens, die Gewißheit zur Klärung des Lebenssinnes und zum Aufbruch in die Verheißung. Glauben – oder beständige vertrauensvolle Hingabe – heißt daher im Blick auf Gott, das Unmögliche für möglich zu halten, zu Ufern aufzubrechen, die man noch nicht kennt, an deren Existenz man aber nicht zweifelt, weil der Führer sie verbürgt und den Weg dahin weiß.

„Der Glaubende", sagt *Ralf Luther,* „bleibt nicht stehen bei den Verhältnissen, bei den Widerständen, bei seinem inneren Zustand. Seine Blickrichtung ist nicht die Erde entlang: ‚Ich glaube an die allmächtigen Verhältnisse, an die unabänderlichen Zustände', sondern er sieht steil aufwärts: ‚Ich glaube an Gott, den Vater, den Allmächtigen, den Schöpfer.' Der Glaube, wenn er vom Schöpfer spricht, meint nicht nur das Perfektum: Gott hat geschaffen, sondern auch das Präsens: Gott schafft. Für das, was geschehen mag, ist ihm nicht maßgebend, was aus der horizontalen Richtung kommen könnte (was sich aus den Zeitbedingungen entwickeln mag), sondern das, was ‚senkrecht von oben' kommend alle Wahrscheinlichkeitsberechnungen über den Haufen wirft . . . Der Glaube hält inmitten aller

Weltkatastrophen und zeitweiligen Triumphe des Bösen treu fest an der Hoffnung, daß Christus einmal wiederkehrt, sich endgültig als Sieger erweist und alles Geschaffene vollendet."[3]

Zuversicht und Wirklichkeitssinn

Ein solches Leben kann daher nicht anders sein als zuversichtlich. Der Christ ist nicht frei von den Tiefen der Anfechtung. Auch er leidet an Krankheit, Not und Zerrissenheit des persönlichen Lebens und der Welt, auch er kann die Gefahr des Atom-, Hunger- und Umwelttodes nicht verharmlosen oder gar übersehen. Auch Christen können in Grenzsituationen gedrängt werden, wo ihnen die Wahrheit und der Trost des Evangeliums zu fehlen scheinen. Dennoch können Resignation und Angst sie nicht überwinden, denn die Wiederkunftsbotschaft lautet: „Wenn ihr die ersten Anzeichen von alledem bemerkt, dann steht auf und faßt neuen Mut: bald werdet ihr gerettet!" (Lukas 21, 28, GN)

Aus diesem Glauben an den Auferstandenen und Wiederkommenden empfangen sie die Kraft zur Überwindung der Zukunftsangst und des Todes. „Man muß den Tod in Christus ansehen", sagt *Martin Luther*. Damit meint er den Tod sehen im Glauben an den, der den Tod überwunden hat und der der Welt sagt, daß die Zerstörungsmächte nicht das letzte Wort haben werden.

Im Vertrauen zu Gottes Liebe und Macht sieht der Christ über sie hinaus auf den verheißenen Sieg des Lebens. „Was für eine Freude die Gottesherrschaft mit sich bringt, schildern uns die Evangelien mit den leuchtenden Farben des orientalischen Lebens ... Das Reich Gottes ist gleich einem Gastmahl, wo das Beste geboten wird, um die Gäste zu erfreuen ... Geht es sonst beim Landmann kärglich her und muß er nicht selten darben, das eine Mal zur Hochzeit will er sich schadlos halten; hier soll alles Gute in Hülle und Fülle sein, hier darf an keiner Stelle die Misere des Alltags durchschimmern: Das Reich Gottes bringt die Festfreude, die alles Elend der Weltzustände überstrahlt ... Wer auf das Reich Gottes stößt, erlebt die unsagbare Freude des Findens, die alle Kämpfe und Werdenöte vergessen macht." *(Ralf Luther)*[4]

Dies führt aber keineswegs notwendigerweise zu einem billigen

Trost auf die Zukunft als versprochenen, aber ungedeckten Wechsel. Der Christ bekennt in der Nachfolge des Jesus von Nazareth nicht nur ein Leben *nach* dem Tod, sondern engagiert sich nicht weniger für das Leben *vor* dem Tod. Ist Jesus nicht „umhergezogen und hat Gutes getan und alle gesund gemacht" (Apostelgeschichte 10, 38)? Hat er sich nicht der Armen erbarmt und den Reichen das Gericht angekündigt (Lukas 6, 20. 21. 24. 25)? Hat er nicht auch die politische und geistliche Führung schonungslos angegriffen, wenn sie versagte (Lukas 13, 32; Matthäus 23, 13. 14)? Hoffnung aktiviert nicht nur für morgen, sondern schon für heute. Von Auferstehung und Wiederkunft darf nur der reden, der jetzt schon Wunden verhindert und heilt, wohl wissend, daß er damit nie den ewigen Weltfrieden und die heile Welt schaffen wird. Dieser christliche Wirklichkeitssinn entlarvt die Utopie der Weltverbesserer („Die Chance sind wir"). Aber er ist nicht zynisch („Nach uns die Sintflut") und auch nicht resignierend („Was können wir schon tun?"), sondern im Vertrauen darauf, daß Gott kann, wird er jetzt schon tätig, so unbedeutend und erfolglos dieses Tun auch auf den ersten Blick erscheinen mag. Wo Agape gelebt wird, werden Leiden vermindert, Berührungsängste abgebaut, Versöhnung verwirklicht, Frieden gestiftet. Der „eschatologische Vorbehalt", die Zusage, daß Gott zu Hilfe kommt und das Stückwerk vom Meisterwerk abgelöst wird, entlastet von Hektik und bewahrt vor Enttäuschung. Christliches Scheitern – scheinbare Erfolglosigkeit, scheinbare Übermacht des Bösen – braucht nicht zum Zusammenbruch zu führen. Das Resultat jedes anteilnehmenden Lächelns, jedes Trostwortes und Zeugnisses, jeder gerechten Entrüstung und jeder barmherzigen Tat wird die Ewigkeit offenbaren.

Herr, mache mich zum Werkzeug deines Friedens,
daß ich liebe, wo gehaßt wird;
daß ich vergebe, wo Schuld ist;
daß ich Frieden stifte, wo Zwietracht ist;
daß ich die Wahrheit bringe, wo man im Irrtum lebt;
daß ich Glauben säe, wo der Zweifel regiert;
daß ich Hoffnung gebe, wo man verzweifelt;
daß ich Licht leuchten lasse, wo es dunkel ist;
daß ich Freude schenke, wo getrauert wird.

Hilf, Herr, daß es mir weniger darum geht,
getröstet zu werden, als zu trösten,
verstanden zu werden, als zu verstehen,
geliebt zu werden, als zu lieben;
denn wer sich selbst gibt, der empfängt,
wer sich selbst vergißt, der findet sich,
wer vergibt, dem wird vergeben,
und wer stirbt, der wird zu ewigem Leben auferweckt.

Franz von Assisi

Nicht alles allerdings, was heute auf Gewaltlosigkeit, Gerechtigkeit und Frieden pocht, ist echt. Man kann nicht zugleich das Töten im Krieg verdammen und ungeborenes Leben vernichten, Sanftmut in der Gesellschaft predigen und Gewalt gegen Sachen üben, für Frieden plädieren und den Geschlechterkampf schüren. Man kann auch nicht vom „neuen Jerusalem" reden und es in einer Art von „neuer Werksgerechtigkeit" jetzt schon durch den Menschen schaffen wollen, ganz abgesehen davon, daß der Sieg einer Partei über die andere damit überhaupt nichts zu tun hat. Daß Christen sich mehr um das „Vorletzte" (Politik) kümmern, statt die Welt auf das „Letzte" (Christi Kommen) hinzuweisen, zeigt, wie tief heute viele Christen in der Krise stehen. Christen müssen demgegenüber kritisch sein, Jesus Christus war es auch. Er hat sich weder von den Sadduzäern, den Liberalen der damaligen Zeit, noch von den Pharisäern, den Konservativen, vereinnahmen lassen. Er war weder ein weltflüchtiger Essener noch ein gewalttätiger Zelot. Er ging den Weg Gottes, indem er die Gottesherrschaft verkündigte und lebte.

Die ersten Christen gingen den gleichen Weg. Erst als sich das Christentum für den Staat und seine Interessen einspannen ließ, begann das christliche Dilemma, der unmögliche Kompromiß zwischen Weltreich und Gottesreich. Nun wollte man die Herrschaft über die alte Erde sichern und sollte doch die neue erbitten und erwarten. Nun mußte man Kriege führen und sollte doch das Schwert beiseite legen. Nun wollte man über die Welt herrschen und sollte ihr doch dienen. So entstand ein Christentum ganz anders als das der Urchristenheit und auch der alten Kirche. Zuerst wollten Kaiser wie *Konstantin* die Kirche für sich benutzen, dann wollten sich die Päpste des Mittelalters bis zur Neuzeit der Kaiser und Könige für ihre

Interessen bedienen. Die Hoffnung auf die Gottesherrschaft zog sich auf die Reformbewegungen zurück (Waldenser, Taboriten, Pietisten, Adventisten), die großen Volkskirchen (katholische, orthodoxe und evangelische Kirchen) hatten sich so stark auf die Bevormundung des Staates bzw. auf die Unterordnung unter ihn eingelassen, daß sie zum festen Bestandteil des etablierten Systems wurden und ihre prophetische Rolle einbüßten. Die Kirche soll aber in der Welt „Apostel, Seelsorger und Pionier" *(Richard Niebuhr)* sein. Es soll von ihr ein friedlicher Angriff ausgehen gegen Ungerechtigkeit, Gewalt und Unterdrückung in der Welt. Vor allem aber muß sie „Prophet" sein und der Welt das sagen, was sich die Welt selbst nicht sagen kann: All unser Tun und all unser Werk ist nur Vorletztes. Das Letzte ist der Letzte, Christus der Kommende, dem die Zukunft gehört.

So müßte echtes Christentum eigentlich gefeit sein gegen die Sirenengesänge menschlicher Utopien: die Utopie vom christlichen Staat, vom Reich der Kirche als Reich Gottes, vom Reich des Nationalsozialismus als „tausendjährigem" Reich, vom marxistischen „Reich Gottes" ohne Gott, von der positivistischen Erlösung durch Fortschritt, Technik und Zivilisation und von der humanistischen Befreiung des Menschen aus sich selbst zu immer größerer Menschlichkeit. Aber „Humanität ohne Divinität [Gottesbindung] wird zur Bestialität" *(Schleiermacher)*, die Geschichte hat es millionenfach bewiesen. Adventistisches Christentum, Christentum, das auf die Zukunft Christi ausgerichtet ist, kann nicht nationalistisch, chauvinistisch, rassistisch, parteipolitisch und intolerant sein. Wer auf Christus hofft, löst sich von diesen menschlichen Fesseln. Das Himmel-reich macht frei vom Erd-reich. Die innere Freiheit, mit der Jesus von Nazareth Herrschenden und Reichen, Traditionen und Zeitgeist, eigenem Volk und Fremden gegenüberstand, rufen auch den Nachfolger in die Distanz zu allen menschlichen Ideen, Traditionen und Leistungen. „Der Staat ist ewig", sagten die Heiden. „Es komme die Gnade, und es vergehe diese Welt", sagten die ersten Christen. Damit wollten sie nicht die Schöpfung und den Menschen verachten, sondern im Gegenteil auf deren zukünftige Vollendung verweisen. Durch Christus, die kommende Gnade, werden das Unvollkommene und Zerstörerische in Welt und Mensch beseitigt, das vom Schöpfer gegebene Leben und die Natur aber vollendet.

Die Radikalität der Hoffnung

Zu dieser Zukunft ist der Hoffende immer unterwegs. Die Bibel spricht von „Gästen und Fremden“ auf der Suche nach „Heimat“ (Hebräer 11, 13. 14). Echtes Christentum ist vom „Exodus“, vom Auszug, geprägt. Exodus ist nicht Flucht in die mönchische Askese und Einsamkeit, in die Mystik des Jenseits, sondern Aufbruch zur Verheißung, zur Veränderung des Lebens im Angesicht des Kommenden. Diese Verheißung ist in der biblischen Heilsgeschichte häufig beispielhaft vorweggenommen.

In der Patriarchenzeit: „Und der Herr sprach zu Abram [später Abraham]: Geh aus deinem Vaterland und von deiner Verwandtschaft und aus deines Vaters Hause in ein Land, das ich dir zeigen will.“ (1. Mose 12, 1) Abraham sollte seine kulturell und zivilisatorisch hochstehende Heimatstadt Ur in der fruchtbaren Ebene Südmesopotamiens verlassen, um in das verheißene, aber unbekannte Land zu ziehen. Das verlangte rückhaltloses Vertrauen zu Gottes Führung und Absichten. Abraham hatte dieses Vertrauen, und so wurde er zum Glaubensvater für Juden und Christen: „Da zog Abram aus, wie der Herr zu ihm gesagt hatte.“ (1. Mose 12, 4) Er ließ sich nicht aufhalten, als sein Vater auf halbem Weg in Haran (Nordmesopotamien) Halt machte, berief sich nicht auf sein Alter und die Beschwerlichkeit der Reise, sondern ging Schritt für Schritt im Glauben, bis er ins Land Kanaan (Palästina) kam, das Gott ihm zugedacht hatte. Die Herausforderung war gewaltig, aber sie hatte Sinn: Gott wollte ihn aus dem Götzendienst seiner alten Heimat (Josua 24, 15) herausführen und zum Zeugen des einen, wahren Gottes machen (1. Mose 12, 7. 8). Kanaan sollte aber nur der Anfang sein; die Verheißung, Erbe einer neuen Heimat zu werden, erstreckte sich auf die ganze Erde (Römer 4, 13). So ist Abraham auch heute noch das Vorbild aller, die im Aufbruch sind zu Gottes neuer Welt.

In der Zeit des Auszugs: „Ich habe das Elend meines Volks in Ägypten gesehen und ihr Geschrei über ihre Bedränger gehört; ich habe ihre Leiden erkannt. Und ich bin herniedergefahren, daß ich sie errette aus der Ägypter Hand und sie herausführe aus diesem Lande in ein gutes und weites Land, in ein Land, darin Milch und Honig fließt.“ (2. Mose 3, 7. 8) Die Nachkommen Abrahams waren zum

Volk geworden und nach Ägypten gekommen. Dies geschah vermutlich in einer Zeit, da Ägypten selbst von Fremden, den Hyksos, beherrscht wurde. Als aber eine Aufstandsbewegung der Einheimischen die Fremden aus Ägypten jagte, geriet auch Israel in die Krise. „Da kam ein neuer König auf in Ägypten, der wußte nichts von Josef." (2. Mose 1, 8) Die Sieger – die Pharaonen des Neuen Reiches – versklavten das Volk und dezimierten es. In dieser Not schenkte Gott dem Volk den richtigen Führer: Moses. Von ihm heißt es: „Weil Mose Gott vertraute, zog er aus Ägypten [mit dem Volk] und fürchtete sich nicht vor dem Zorn des Königs. Er hatte den unsichtbaren Gott vor Augen, als ob er ihn wirklich sehen würde; das gab ihm Mut." (Hebräer 11, 27, GN)

Der Auszug führte sie aus der Sklaverei in die Freiheit, aus der Fremde Ägyptens wieder zurück in die Heimat Kanaan. Dies geschah nicht ohne Leid und Kampf. In der Wüste, auf dem Weg ins verheißene Land, sehnten sich manche nach den „Fleischtöpfen" Ägyptens zurück, und fast das ganze Volk versagte beim befohlenen Einzug in das Land. So gelangten letztlich nur die Treuen und Kampfbereiten in die Heimat. Der Apostel Paulus sieht darin ein Vorbild für den Weg des Christen (1. Korinther 10, 11). „Unsre Väter" – durch den Glauben sind sie unsere Vorfahren – sind „durchs Meer gegangen" (1. Korinther 10, 1). Auch der Christ ist im Glauben durch das Wasser der Taufe hindurch von der Sklaverei der Sünde zur Freiheit der Vergebung und des Gehorsams gekommen. So wie Israel einst steht auch er vor der Alternative, nach „Ägypten" zurückzuschielen und in der „Wüste" umzukommen oder den Aufbruch bis zur Erreichung „Kanaans" durchzuhalten.

In der Zeit des Exils: „Laß uns Wunder sehen wie zur Zeit, als du aus Ägyptenland zogst, daß die Heiden es sehen." (Micha 7, 15. 16) Nach Jahrhunderten des Aufenthalts in Kanaan war Israel der Versuchung erlegen, ein Volk wie jedes andere zu sein. Man begann sich der heidnischen Umwelt in Religion und Kultur anzupassen. Gott mußte die messianische Zukunftsperspektive, die Perspektive der Erlösung von Mensch und Welt, durch die Propheten wieder in Erinnerung rufen lassen. Als auch dies nichts nützte, gab Gott das nach Salomo zweigeteilte Reich in die Hand der Weltmächte. Das Nordreich Israel fiel 722 v. Chr. an die Assyrer, das Südreich Juda 586 v. Chr. an Babylon. Jerusalem und der Tempel wurden zerstört, das Volk in die Babylonische Gefangenschaft geführt. Aber Gott hatte sie nicht aufgegeben: „Es wird die Zeit kommen ... daß man nicht mehr sagen wird: ‚So wahr der Herr lebt, der die Israeliten aus Ägyptenland geführt hat!' sondern: ‚So wahr der Herr lebt, der die Nachkommen des Hauses Israel herausgeführt und hergebracht hat aus dem Lande des Nordens und aus allen Landen, wohin er sie verstoßen hatte.' Und sie sollen in ihrem Lande wohnen." (Jeremia 23, 7. 8) Nachdem Babylon 539 v. Chr. durch die Meder und Perser erobert worden war, wagten es an die 50000 Juden wieder, heimzuziehen, um einen neuen Anfang zu machen. Sie ließen sich den Glauben an die Zukunft nicht nehmen. So wurde die Rückkehr aus der Sklaverei Babylons zu einem neuen Exodus.

In der Zeit des neuen Israel: Mit diesem „Rest" aus Juda führte Gott die Heilsgeschichte weiter. Immer war es nur ein Rest, der bereit war, Gott zu folgen, das „wahre Israel" (Römer 9, 27), jene, die nicht nur äußerlich, sondern auch „am Herzen" beschnitten waren (Jeremia 4, 4). Zu ihnen gehörten zur Zeit der Geburt Christi der Priester Zacharias und seine Frau Elisabeth, der Bauhandwerker Josef und seine Verlobte Maria, die Hirten von Bethlehem, Simeon und die Prophetin Hanna, alle, „die auf die Erlösung Jerusalems warteten" (Lukas 2, 38). In diesem Kreis wuchs Jesus von Nazareth, der Messias, auf. Indem er die Zwölf und die Siebzig um sich sammelte, sammelte er das wahre Israel, um das neue Israel vorzubereiten. Denn die Zwölf (Lukas 6, 13), die Siebzig (Lukas 10, 1), die Hundertundzwanzig (Apostelgeschichte 1, 15) bildeten die Voraussetzung des „neuen Israel", der neutestamentlichen „Ekklesia", der aus Juden und Heiden herausgerufenen Gemeinde (Galater 6, 15. 16). Mit ihr bleibt die messianische Hoffnung auf eine neue Welt nicht mehr nur auf ein Volk beschränkt, sondern dringt zu allen Völkern: „Gehet hin in alle Welt und predigt das Evangelium aller Kreatur. Wer da glaubt und getauft wird, der wird selig werden; wer aber nicht glaubt, der wird verdammt werden." (Markus 16, 15. 16)

Aufzubrechen und sich auf den Weg zu machen bekommt jetzt wieder den ursprünglichen, letzten Sinn wie bei Abraham. Es geht nicht um die irdische Stadt Jerusalem und das Land Palästina, sondern um das „neue Jerusalem" (Offenbarung 21, 2) auf der „neuen Erde" (2. Petrus 3, 13). Damit heißt „Auswanderung" Wandlung des Herzens und der Gesinnung, sich loslösen von sich der Geist Gottes aber so angehaucht („inspiriert"), daß das, was sie in menschlicher Weise niedergeschrieben haben, doch den göttlichen Geist atmet. Sie wurden von dem, der sich ihnen offenbarte, so beherrscht, geleitet und bewahrt, daß durch das menschliche Wort hindurch die göttliche Botschaft unverfälscht zum Vorschein kommt (2. Timotheus 3, 15–17). So ist das Werk eines Mose das Wort Gottes (2. Mose 24, 7), das Wort Jesajas das Wort des Herrn (Jesaja 39, 5), und aus Davids Mund spricht der Heilige Geist (Apostelgeschichte 1, 16). Das Zeugnis höheren Ursprungs wird der Bibel also nicht einfach unterstellt und zugeschrieben, sondern sie selbst beansprucht es. Täte sie es nicht, könnte sie niemals als Wort Gottes gelten, was immer sonst Positives von ihr zu sagen wäre.

Das prophetische Zeugnis: Die Bibel ist zwar nicht das einzige Buch der Weltreligionen, das Voraussagen über zukünftige Personen und Ereignisse enthält, aber sie ist wohl das einzige Buch, das diese Weissagungen in unvergleichlicher Fülle und Genauigkeit darbietet. Gerade dies erscheint als ein besonders beeindruckender Hinweis auf ihren höheren Ursprung (Jesaja 46, 9. 10), da wir Menschen ja keinen einzigen Tag unseres Lebens vorauszusehen vermögen, geschweige denn die Entwicklung der Weltgeschichte über Jahrhunderte oder Jahrtausende hinweg. Da sind die Weissagungen über Israels Aufenthalt in Ägypten (1. Mose 15, 13), über die 70 Jahre der Babylonischen Gefangenschaft (Jeremia 25, 11), über die Zerstörung Jerusalems und des Tempels sowie die Zerstreuung des jüdischen Volkes (Lukas 21, 6. 20–24). Da sind die Weissagungen über Babylons Verödung (Jesaja 13, 19–22), über Ägyptens Niedergang (Hesekiel 29, 15) und das Verschwinden des alten Tyrus (Hesekiel 26, 3–5).

Da sind die Weissagungen über das Kommen des Messias: 700 Jahre vor der Geburt Jesu in Bethlehem (Matthäus 2, 1) weissagte zum Beispiel der Prophet Micha seinen Geburtsort (Micha 5, 1). 700 Jahre vor seinem Tod beschrieb Jesaja sein Leiden, Sterben, Begräbnis und seine Auferstehung (Jesaja 53, 1–12). Auf keinen Fall kann es sich dabei um eine nachträglich formulierte Prophezeiung handeln, denn die 1947 bei Qumran gefundene Handschrift des Jesaja, die aus dem zweiten Jahrhundert v. Chr. stammt, enthält den gleichen Text wie die hebräischen Manuskripte aus nachchristlicher Zeit. 500 Jahre vor Jesu Einzug in Jerusalem (Matthäus 21, 4. 5) prophezeite Sacharja dieses Ereignis und verblüffte die Zeitgenossen

Ein Aimara-Indianer (Bolivien) zeigt seinem Landsmann die Heilige Schr
Selbst in den entlegenen Gebieten der Anden kann die Bibel in der Volksprac
gelesen werde

Das ethisch
das die höchst
und doch ers
Zehn Gebote
Albright schre
Normen ande
schen Gesetz
dazu im Gro
auftreten, ob s
Darum soll m
wert halten als
In der Bibel w
aufgestellt, son
Seneca haben
Jesus von Naz
Jesus von Lieb
gen lieben, re
einige von Fei
13, 1. 12–18).

Das Zeugni
aber meine W
gesagt (Matthä
bis hin zum N
aufgekommen
Wort auslösche
dieses Buch v
Spott mußte es
Und dennoch h
das „Buch der
Augustus, unte
sämtlich verlor
Apostels Paulu
wurde, werden
Der blutrünstig
Diokletian, sie
tung der Bibel

Das Mittelalt
die Volksprach

Herrn, und das rechnete er ihm zur Gerechtigkeit.“ (1. Mose 15, 6) Abraham wird in der Bibel zwar auch wegen seiner guten Werke gerühmt, aber diese Werke waren eine Frucht seiner Gottesbeziehung. Weil Abraham ja sagte zu dem Gott der Barmherzigkeit, lernte er auch ja zu sagen zu seinen Mitmenschen. Bevor der Mensch zu gerechten Handlungen fähig ist, muß ihm erst durch den Glauben vor Gott und durch Gott Gerechtigkeit zugerechnet werden. Das heißt, der Mensch muß sich erst von Gott annehmen lassen, bevor er andere in der richtigen Weise annehmen kann. Diesen Vorgang nennt der Apostel Paulus „Rechtfertigung“ (Römer 5, 18) oder „zugerechnete Gerechtigkeit“ (Römer 4, 3. 5).

Abraham war sich seiner Nichtigkeit vor seinem Schöpfer und Richter bewußt (1. Mose 18, 27), er pochte letztlich nicht auf seine Weisheit und seine Werke, sondern verließ sich ganz auf Gottes Wissen und Macht. So wurde er von Gott angenommen oder gerechtfertigt. Sein Vertrauen galt dem Gott, der ihm helfen und ihn erretten konnte. Von dieser Erfahrung Abrahams leitet Paulus die Rechtfertigung des Menschen im allgemeinen ab. Er sagt: „Ein Arbeiter bekommt seinen Lohn nicht als Geschenk, sondern er hat aufgrund seiner Leistungen einen Anspruch darauf. Vor Gott ist das anders. Wer keine Leistungen vorzuweisen hat, aber dem vertraut, der den Schuldigen freispricht, findet durch sein Vertrauen bei Gott Anerkennung.“ (Römer 4, 4. 5, GN)

Natürlich stellt sich hier sofort die Frage: Wie kann ein gerechter Gott den ungerechten Menschen für gerecht erklären, ihn rechtfertigen, ihn von Schuld freisprechen, ihn annehmen? Dieses Paradoxon erhellt sich im Licht des Sühnetodes Jesu Christi am Kreuz. Gott handelt für den Menschen aus Liebe und in Gerechtigkeit. Die Demonstration dieser Liebe und dieser Gerechtigkeit ist der gekreuzigte Messias. In ihm ist der Richter der Gerichtete. Der gerechte Richter ist zugleich der barmherzige Befreier, und beides wurzelt im treuen Schöpfer. Weil der Schöpfer sein Geschöpf aus Liebe nicht aufgeben will, obwohl es schuldig geworden ist, wird er sein Befreier, indem er sich als Richter stellvertretend ins Gericht stellt. Am Kreuz hat Gott in Christus grundsätzlich die ganze Welt von ihrer Schuld befreit (2. Korinther 5, 19), weil er auch das Gericht der ganzen Welt auf sich genommen hat (2. Korinther 5, 21).

Doch Gott vergewaltigt nicht in seiner Liebe, er bittet und wartet

Mit seiner Erkenntnis vom gnädigen Gott, dem „Turmerlebn
im Wittenberger Kloster, öffnete Luther den Gläubigen seiner Z
den unmittelbaren Weg zu G

sich geschehen lassen."[7] Das heißt, die Wiedergeburt geschieht nicht durch den Menschen, nicht teils durch Gott, teils durch den Menschen, und sie wird auch nicht durch den Menschen begonnen und durch Gott vollendet. Sie geschieht nach dem biblischen Zeugnis durch das Wort Gottes (1. Petrus 1, 23), durch den Heiligen Geist (Johannes 3, 5), durch den Glauben (1. Johannes 5, 1). Wenn der Mensch bereit ist, Gottes Wort in der Bibel zu hören und sich darauf einzulassen, bewirkt der Geist Gottes durch das Wort den Glauben, der Gesinnung und Tun verändert. Der Mensch wird ein neues Geschöpf (2. Korinther 5, 17). „Glaube", sagt *Luther*, „ist ein göttlich Werk in uns, das uns wandelt und neugebiert aus Gott und tötet den alten Adam, macht uns ganz andere Menschen von Herzen, Mut, Sinn und allen Kräften, und bringt den Heiligen Geist mit sich. Oh, es ist ein lebendig, schäftig, mächtig Ding um den Glauben, daß es unmöglich ist, daß er nicht ohn' Unterlaß sollte Gutes wirken. Er fragt auch nicht, ob gute Werke zu tun sind, sondern ehe man fragt, hat er sie schon getan und ist immer im Tun."[8]

Kann sich auch der Mensch weder selbst gebären noch wiedergebären, so liegt der Unterschied zwischen natürlicher und übernatürlicher Geburt darin, daß letztere nicht ohne die Bereitschaft des Menschen erfolgt. Der Mensch ist in der Wiedergeburt durch den Glauben kein „Klotz" oder „Stein". Er kann und soll – wie wir schon angedeutet haben – zuhören, er kann und soll am Wort bleiben und sich mit Gott auseinandersetzen. In diesem Dialog richtet Gott Befehle an den Menschen: Erkenne deinen Zustand (Jeremia 3, 13). – Kehre um von deinen Wegen (Jesaja 31, 6). – Vertraue auf Gott in Christus (Apostelgeschichte 16, 31). – Und halte seine Gebote (Matthäus 19, 17)! Diesen Aufforderungen soll und kann der Mensch nachkommen. Er kann es aber nur, weil Gott ihm in diesem Prozeß durch seinen Geist das „Herz geöffnet" hat (Apostelgeschichte 16, 14) und das „Wollen und Vollbringen" schenkt (Philipper 2, 13). So ist es eigentlich Gott, der die Erkenntnis vermittelt (Psalm 119, 18) und die Umkehr bewirkt (Jeremia 31, 18). Es ist Gott, der den Glauben schafft und das Tun der guten Werke ermöglicht (Epheser 2, 8–10). Der Mensch erlebt es auf der Erfahrungsebene als sein Werk, aber er kann es sich nicht selbst zuschreiben, sondern muß Gott dafür die Ehre geben (Psalm 115, 1).

Der Umwandlungsprozeß kann mit elementarer Wucht über den

Menschen kommen und sich in dramatischen Ereignissen niederschlagen, so wie das im Leben des Apostels Paulus, des Kirchenvaters *Augustinus* und der Reformatoren *Luther* und *Wesley* der Fall war. Der Mensch kann aber auch schrittweise in das göttliche Leben hineinwachsen und in aller Stille ohne jede Dramatik die Wiedergeburt erleben, wie die Erfahrung des Reformators *Melanchthon* und des Erweckungspredigers *Zinzendorf* zeigt. Die historischen Umstände, in denen sich die Wiedergeburt durch den Glauben vollzieht, sind nicht so wichtig. Wichtig sind vor allem folgende Wahrheiten:

Ohne die Wiedergeburt aus dem Glauben kein Heil: Echter Glaube trägt das neue Leben in sich und bringt es zur Entfaltung. Toter Glaube, der sich auf andere – und sei es die Kirche – beruft, der nur intellektuell die Lehre bejaht oder Christus nur mit den Lippen bekennt, führt weder zur Rechtfertigung noch zur Wiedergeburt. Die persönliche Hingabe im vollen Vertrauen aber bedeutet Wandlung des Lebens. Wer Christus von Herzen vertraut, wird und kann nicht mehr derselbe Mensch bleiben. Diese Erfahrung ist die unabdingbare Voraussetzung für das gegenwärtige und endgültige Heil.

Ohne die *beständige* Wiedergeburt aus dem Glauben kein Heil: Der Mensch bleibt nicht ein Freigesprochener, Angenommener und Neugeborener, weil er einmal – vielleicht vor langer Zeit – vertraut hat, sondern weil er sich beständig den echten Glauben von Gott schenken läßt und in ihm bleibt. Wiedergeburt ist ein zwar einmaliger, aber sich ständig erneuernder Akt, der das ganze Leben andauert.

Ohne die *bezeugte* Wiedergeburt aus dem Glauben kein Heil: Wenn auch alles durch den Glauben geschieht (Johannes 3, 36), so ist es doch nicht nur etwas Innerliches, Verborgenes, sondern auch ein öffentliches Bekenntnis, denn der echte Glaube ist immer der bezeugende, bekennende Glaube. Christus spricht daher von der Geburt aus „Wasser und Geist“ (Johannes 3, 5). Der Geist bewirkt das neue Leben, das im Wasser der Taufe angezeigt und begehrt wird. Wer anzeigt, ist Gott. Er bedeutet dem Menschen in der Taufe, daß er ihn annehmen will. Der Glaube „sieht“ dieses Angebot und verpflichtet sich darauf, indem er das Gebot der Taufe erfüllt.

Ohne die Wiedergeburt *aus dem Glauben* kein Sieg: Wiedergeburt

Das einzigartige Angebot

Die Schuhe der Liebe

Echter Glaube ist keine spekulative Theorie, auch kein aufwallendes Gefühl, sondern eine ganz konkrete, praktische Lebenshaltung: Berufung und Befähigung zur Liebe. Soll diese Liebe aber nicht wieder im unfruchtbaren Lippenbekenntnis steckenbleiben oder gar zum egoistischen Gefühlsrausch entarten, so muß und wird sie das vertikale und horizontale Beziehungsgeflecht, in dem sich der Mensch bewegt, ernst nehmen. Sie wird Dienst sein für Gott und Mensch, für Schöpfer und Schöpfung.

Da aber der natürliche, auf sich fixierte Mensch immer in der Gefahr steht, dieses Ziel aus den Augen zu verlieren, braucht er Normen, die ihn in diesen Dienst weisen und diesen Dienst bestimmen. Diese Aufgabe fällt den Geboten zu. „Das Gesetz nennt", sagt *Klaus Bockmühl* zu Recht, „die Bereitstellungsnormen für den Dienst der Liebe."[1] Die Gebote sind die „Schuhe der Liebe". Wer die Gebote hält, der liebt; wer liebt, hält die Gebote.

Darum sind Liebe und Gebote in der Bibel auch keine Widersprüche. Israel sollte seine Liebe zu Gott durch das Halten der Gebote beweisen (5. Mose 10, 12. 13), und Jesus sagte zu seinen Jüngern: „Liebt ihr mich, so werdet ihr meine Gebote halten." (Johannes 14, 15) Liebe ist nicht die Aufhebung des Gebots – so als ob es einen Gegensatz gäbe zwischen Gottes Willen im Alten und Neuen Testament –, sondern Liebe ist die „Vollkommenheitsform"[2] der Gebote. Liebe ist nicht Verwerfung, sondern Verwirklichung des Willens Gottes, wie er im Gebot zum Ausdruck kommt (Psalm 40, 9; Römer 13, 10; 1. Johannes 5, 2; Jakobus 2, 8–12).

Nur wer Liebe bloß als Eros-Sympathie oder Sex begreift, kann in Liebe und Gebot Gegensätze sehen, denn der Eros ist selektiv, er wendet sich dem zu, der uns gefällt und dem wir gefallen. Wenn Liebe aber vor allem Agape ist, die dem Menschen gewordene Überzeugung, allen Menschen so zu begegnen, wie Gott ihnen begegnet

(Matthäus 5, 44. 45), dann ist sie allgemein, und dann kann sie eingefordert werden, weil Gott sie zu geben bereit ist. „Gib, was du befiehlst", erbittet *Augustinus* von Gott, „und befiehl, was du willst."[3] Die Forderung, die zugleich Gabe ist, wird der Friede des Menschen sein (Jesaja 48, 18). So wird das Gebot zum Angebot, der Imperativ (Du sollst) zum Indikativ (Du kannst) und zuletzt zum Privileg (Du darfst).

Weil im Gebot Gottes Willen ernst genommen und damit das Glück des Menschen gesichert wird, geht nicht nur durch das Alte, sondern auch durch das Neue Testament die eindeutige Aufforderung zum Halten der Gebote. So sagt Jesus zum reichen Jüngling: „Willst du . . . zum Leben eingehen, so halte die Gebote." (Matthäus 19, 17) Im Johannesevangelium sagt er: „Wenn ihr meine Gebote haltet, so bleibt ihr in meiner Liebe, wie ich meines Vaters Gebote halte und bleibe in seiner Liebe." (Johannes 15, 10)

So schreibt auch der Apostel Paulus an die Korinther: „Es ist vor Gott völlig gleichgültig, ob einer beschnitten ist oder nicht [d. h. ob er Jude oder Nichtjude ist]. Es kommt nur darauf an, daß er nach Gottes Geboten lebt." (1. Korinther 7, 19, GN) Jakobus spricht vom „Gesetz der Freiheit" (Jakobus 1, 25; 2, 12), vom „königlichen Gesetz" (Jakobus 2, 8) und vom Christen als „Täter des Gesetzes" (Jakobus 4, 11). Der Schreiber des Hebräerbriefs sieht das Gesetz ins Herz der Gläubigen geprägt (Hebräer 8, 10). Ähnlich auch Johannes, für den das Halten der Gebote das Kennzeichen des echten Gläubigen ist: „Und daran merken wir, daß wir ihn kennen, wenn wir seine Gebote halten." (1. Johannes 2, 3) Daher schildert er auch die Treuen, welche die Wiederkunft Christi erwarten, mit den bewegenden Worten: „Hier ist Geduld der Heiligen! Hier sind, die da halten die Gebote Gottes und den Glauben an Jesus!" (Offenbarung 14, 12)

Der autonome Mensch freilich, der die Normen und Ziele seines Handelns in sich selbst zu finden meint, sieht in einem allgemeingültigen und überzeitlich verbindlichen Sittengesetz eher Härte und Repression statt Angebot und Liebe. Er will nicht verstehen, daß das Gebot zur Sicherung des Lebens gegeben ist und vor dem sittlichen Scheitern bewahren soll. „Wir besitzen", sagt *McCabe*, „ein von Gott geoffenbartes Moralgesetz, weil unsere Barmherzigkeit nicht tief genug in das Geheimnis der menschlichen Bedürfnisse und seiner

Bestimmung einzudringen vermag. Das göttliche Recht wurzelt nicht in unserem der jeweiligen Situation angepaßten und fehlbaren Urteil, sondern in Gottes Barmherzigkeit."[4]

Die vermessene Weigerung, dieses Angebot anzunehmen, hat das 20. Jahrhundert in ein ethisches Chaos gestürzt. Die NS-Ideologie hat es geschickt verstanden, die Jugend gegen die Moral der Väter aufzubringen. Die Sünde, das vom Gebot aufgezeigte Unrecht, wurde als jüdische Erfindung abgetan und das Sittengesetz der jüdisch-christlichen Ethik für überwunden erklärt. Hatte nicht *Friedrich Nietzsche* – aus dem man freilich nur herauslas, was man brauchte – erklärt: „Es gibt weder moralische noch unmoralische Handlungen"?[5] Es müsse zu einer „Umwertung aller Werte"[6] kommen, und die „alten Tafeln" müßten zerbrochen werden?[7] Sittlich sei das Starke, das, was der Herrenmensch will, unsittlich das Schwache, Untaugliche und Zerbrechende? Der Ausgang des Experiments ist bekannt.

Aber auch die Gegenethik stürzte Millionen ins Verderben. Im Namen der „sozialistischen Gesetzlichkeit" wurden Gottes und der Menschen Rechte zu Boden getrampelt und in den „Archipel Gulag" geschickt. Ethik könne nur da sein, so meinte man, wo die Revolution den „Mythos" von Gott aus den Köpfen der Menschen getrieben habe, um – wie *Lenin* sagte – „die Moral vollständig den Interessen des Klassenkampfes unterzuordnen".[8] Moralisch ist also nicht das Gebot, sondern das, was der Arbeiterklasse, der Partei nützt. Die Folgen dieses Experiments sind auch bekannt.

Nicht anders verhält es sich mit dem atheistischen Existentialismus, der dritten großen philosophischen Kraft des 20. Jahrhunderts. Für *Jean Paul Sartre* gibt es, ähnlich wie für *Nietzsche* und *Marx,* keine „ewigen Wahrheiten". Der einzig absolute Wert ist die Freiheit. Freiheit allerdings nicht, wie im Christentum, gekoppelt mit Verantwortung vor Gott und Mensch, sondern im Sinne totaler Permissivität. Alles, was aus dieser Freiheit geschieht, ist moralisch, selbst wenn es ein Verbrechen wäre. Denn das einzige Verbrechen ist die Reue, der Verrat an der Freiheit. So heißt es in dem Drama „Die Fliegen": „Meine Freiheit, das ist die Tat." Nicht der Elternmörder des „Orest" ist unmoralisch, sondern die Reue der Elektra: „Der feigste Mörder ist der, der bereut." Darum soll man die Menschen eher von der Reue als vom Verbrechen befreien. Es gehört freilich zur Freiheit, auch die Folgen der Tat ohne Gewissensbisse auf sich zu nehmen.

Die Verlockungen dieses ethischen Laxismus haben den „praktischen Atheismus“ der westlichen Wohlstandsgesellschaft heftig ins Kraut schießen lassen. „Wenn du Lust hast, dann tu es!“ Homosexualität ist genauso natürlich wie Heterosexualität! Sex ist wichtiger als Liebe und Treue. Die feministische Theologin *Elga Sorge* will daher die „sexistischen zehn Gebote“ der Männergesellschaft umschreiben in die „zehn Erlaubnisse“ wie zum Beispiel: „Du darfst ehebrechen, denn du kannst nicht anders.“[9] Langsam beginnen wir nun auch hier die Folgen zu begreifen. Nicht nur Atom-, Umwelt- und Wachstumstod bedrohen die Menschheit, sie muß auch mit AIDS leben, der, wie manche meinen, „gefährlichsten Seuche, die je die Menschheit heimgesucht hat“.[10]

Was soll's, mögen einige sagen, und können sich dabei auch auf das berufen, was am Anfang dargelegt wurde (Agape – Traum oder Wirklichkeit?). Die Gebote der christlichen Hochethik kann nur der ganz verstehen und richtig verwirklichen, der in die Nachfolge eingetreten ist und aus dem Glauben lebt. Bewußtes Christentum – nicht Taufschein-Christentum – wird durch persönliche Entscheidung (Glaubenstaufe) angenommen und gelebt. So gesehen, gibt es keine christliche Massenmoral. Auch in den sogenannten „christlichen Staaten“ lebten und leben nicht alle christlich, und da es unchristlich war und ist, jemanden zu einer Ethik zu zwingen, die er nicht einsehen und leben will, darf man sich nicht wundern, wenn so viele den Sinn der Gebote mißverstehen und – obwohl sie sich Christen nennen oder aus der christlichen Tradition kommen – eigentlich wie die Heiden leben.

Wie steht es aber mit denen, die sich bewußt für Jesus Christus entschieden haben? Mit den „Basisgemeinden“, den „Evangelikalen“, den „Freikirchen“? Die müßten doch wenigstens verstehen, was Gehorsam aus dem Glauben bedeutet. Aber eigenartigerweise begegnet dem, der von der Verbindlichkeit aller Gebote spricht, häufig Unwille und Abweisung bei positiven Christen. Da heißt es bald: Gebot ist Werkgerechtigkeit (Legalismus), Paulus aber und die Reformatoren sagen klar, daß der Mensch allein durch den Glauben gerecht wird – als ob die Rechtfertigung der Heiligung widerspräche, der Glaube den guten Werken, die Liebe dem Gesetz! Da heißt es sondern der Gott, der liebt und befreit. Nicht der stumme Götze der Ägypter, Babylonier, Griechen und Römer, sondern der ins Leben eingreifende und erfahrbare Gott. Der Gott, der seine Güte wissen und erfahren läßt. Darum sagt *Luther* – etymologisch zwar falsch, sachlich aber sehr richtig: „So ist also Gott allein der, von dem man alles Gute empfängt und durch den man von allem Unglück erlöst wird. Das ist auch meines Erachtens der Grund, daß wir Deutschen ‚Gott' mit eben diesem Namen von altersher nennen — feiner und treffender als irgendeine andere Sprache – nach dem Wörtlein ‚gut', weil er ein ewiger Brunnquell ist, der von lauter Güte überfließt und von dem alles, was gut ist und gut heißt, strömt."[29]

Wenn Gott befreit, dann muß der Götze binden. Nicht nur an Stein, Holz, Gestirn und Tier wie in der Antike, sondern auch an Mensch, Idee, Partei und Geld wie heute. Wenn statt des unsichtbaren, aber sich offenbarenden Gottes das Sichtbare, aber Kreatürliche zum Maß der Dinge wird, dann liegt Götzendienst vor. „Woran du dein Herz hängst und worauf du dich verläßt, das ist eigentlich dein Gott." *(Luther)*[30] Und Götzendienst ist nicht nur Bindung an das Vergängliche, sondern auch an das Verderbliche.

Jedesmal, wenn Menschen im Wahn meinten, Gott absetzen zu können – wie in den Revolutionen von 1789 und 1917 — oder Gott für sich zu mißbrauchen – wie im nationalsozialistischen System –, ist maßloses Leid über die Menschheit gekommen. „Wir haben am Anfang unseres Weges nicht geahnt", so sagte *Hans Frank,* der in Nürnberg hingerichtete NS-Generalgouverneur von Polen, „daß die Abwendung von Gott solche verderblichen Folgen haben könnte. So sind wir in der Abwendung von Gott zuschanden geworden."[31]

So geht es im ersten Gebot gleich ums Ganze: Gott oder Gericht, Leben oder Verderben. Einen Kompromiß gibt es nicht. Hier bricht dem Menschen die Erkenntnis auf: Ohne Gott geht es nicht. Und dem Christen wird klar: Es ist gut, an Gott zu glauben und sein Gebot zu befolgen.

Zweites Gebot

„Du sollst dir kein Bildnis noch irgendein Gleichnis machen, weder von dem, was oben im Himmel, noch von dem, was unten auf Erden, noch von dem, was im Wasser unter der Erde ist: Bete sie nicht an und

diene ihnen nicht! Denn ich, der Herr, dein Gott, bin ein eifernder Gott, der die Missetat der Väter heimsucht bis ins dritte und vierte Glied an den Kindern derer, die mich hassen, aber Barmherzigkeit erweist an vielen Tausenden, die mich lieben und meine Gebote halten." (2. Mose 20, 4–6)

„Es gibt", sagt *Kant*, „keine erhabenere Stelle in den hebräischen Schriften als das Gebot: Du sollst dir kein Bildnis machen."[32] Weil Gott der „Ganz-Andere" ist, der Überzeitliche, der Überweltliche, persönlich, aber nicht kreatürlich, so ist er auch nicht darstellbar. Jesus Christus sagt: „Gott ist Geist und die ihn anbeten, die müssen ihn im Geist und in der Wahrheit anbeten." (Johannes 4, 24) Der Mensch berührt hier das Herzstück wahrer Religion: Gott ist nicht verfügbar, er ist eine andere Dimension (1. Timotheus 6, 16). Er ist keine menschliche Projektion; er steht über allem menschlichen Denken und Handeln (Jesaja 55, 8. 9) als der dreimal Heilige, Unsichtbare, sich durch das Wort offenbarende Gott.

In den selbstgeschaffenen menschlichen Religionen ist Gott nicht anders denkbar als kreatürlich und menschlich: Bei den Griechen der ehebrechende Zeus, die neidische Artemis, der die Diebe schützende Hermes! Bei den Babyloniern die Gestirne, Sonne, Mond, Planeten! Bei den Ägyptern Stier, Krokodil, Katze und Affe! Alle diese Verirrungen fallen unter das Gerichtswort: „Da sie sich für Weise hielten, sind sie zu Narren geworden und haben die Herrlichkeit des unvergänglichen Gottes vertauscht mit einem Bild gleich dem eines vergänglichen Menschen und der Vögel und der vierfüßigen und der kriechenden Tiere." (Römer 1, 22. 23)

Der natürliche Mensch will einen manipulierbaren Gott, er will sehen und Sicherheit haben. Gott aber fordert Vertrauen und Wagnis! Der aus dem Geist Geborene – und nur dieser ist Christ – braucht keine materiellen Krücken für seinen Glauben. Jesus sagt: Solche Anbeter — im Geist und in der Wahrheit – sucht Gott (Johannes 4, 23). Das Gebot verbietet nicht nur, Gott zum Geschöpf zu machen, sondern auch Geschöpfliches zu Gott. Es verbietet nicht von vornherein religiöse Kunst oder Kunst überhaupt. Auch die Israeliten hatten ihre Cherubim im Allerheiligsten und ihre zwölf gegossenen Rinder, auf denen das große Waschbecken der Priester im Vorhof des Salomonischen Tempels ruhte. Das Gebot wendet sich

Johannes taufte nur *Bußfertige* (Matthäus 3, 6), die Apostel aber *Gläubige* (Apostelgeschichte 16, 30–34). Die Taufe des Johannes wies voraus auf die zukünftige Erscheinung des Messias, die christliche Taufe aber weist zurück auf den Tod und die Auferstehung Christi (Römer 6, 4). Die Johannestaufe war reine Wassertaufe, die christliche Taufe ist Taufe mit Wasser und Geist. Der Auferstandene sagt: „Johannes hat mit Wasser getauft, ihr aber sollt mit dem heiligen Geist getauft werden." (Apostelgeschichte 1, 5) Und an anderer Stelle heißt es: „Darum gehet hin und machet zu Jüngern alle Völker: Taufet sie auf den Namen des Vaters und des Sohnes und des heiligen Geistes und lehret sie halten alles, was ich euch befohlen habe. Und siehe, ich bin bei euch alle Tage bis an der Welt Ende." (Matthäus 28, 19. 20)

Wenn also jemand durch das Wort ein Jünger geworden und daher zum Glauben gekommen ist, soll er die Taufe empfangen (Apostelgeschichte 18, 8) und mit der Taufe Vergebung der Schuld und die Gabe des Geistes zu neuem Leben (Apostelgeschichte 2, 38). Der Geist, der schon den Glauben entfacht hat, soll nun ganz vom Gläubigen Besitz ergreifen, damit er die Frucht des Geistes, das Leben von oben (Galater 5, 22), offenbare und Gaben des Geistes, Fähigkeiten von oben, empfange, die zum „Nutzen aller" dienen (1. Korinther 12, 7–11). Zugleich sollen die getauften Gläubigen durch die apostolische Lehre noch tiefer hineinwachsen in das Wort Jesu Christi.

Die einzig gültige Form dieser Taufe ist das Untertauchen, denn nur dadurch wird dargestellt, was wahre Taufe ist: das Sterben des „alten" und das Lebendigwerden des „neuen Menschen" (Römer 6, 1–6). Nur so wird dem Vorbild des Meisters und der Apostel entsprochen. Jesus wurde als Erwachsener von Johannes dem Täufer „in den Jordan hinein" getauft (Markus 1, 9, Grundtext), und der Diakon Philippus stieg mit dem äthiopischen Kämmerer, der getauft werden wollte, „in das Wasser hinab" und „aus dem Wasser herauf" (Apostelgeschichte 8, 35–40). So taufte Johannes der Täufer auch nur dort, wo „viel Wasser" war (Johannes 3, 23). Alle diese Aussagen werden nur verständlich, wenn man bei der Taufe an ein Untertauchen und nicht an ein Begießen oder gar Besprengen denkt.

So bemerkt zum Beispiel der römisch-katholische Bibelübersetzer *Konstantin Rösch* zu Römer 6, 4 richtig, aber ganz im Gegensatz zum

Taufbrauch der katholischen und evangelischen Volkskirchen: „Der Apostel hat hier den Taufritus durch Untertauchen im Auge. Das Hinabtauchen des Täuflings sinnbildet den Tod und das Begräbnis Christi und zugleich die Ertötung und das Begrabenwerden der Sünde in der Taufe. Das Hervorgehen des Täuflings aus der Taufe sinnbildet die Auferstehung Christi und zugleich die innere Erneuerung und sittliche Auferstehung des in der Taufe von Sünden gereinigten Christen."[6] Schon das griechische Zeitwort „baptízô", das im Neuen Testament für „taufen" verwendet wird, läßt darüber keinen Zweifel, denn es heißt klar „ein- bzw. untertauchen".[7] Auch das deutsche Wort „‚taufen' ist abgeleitet von ‚tief'. Es bedeutet also eigentlich ‚tief machen', d. h. ‚ein- bzw. untertauchen'."[8]

Das Entscheidende ist vor allem, daß nur das Untertauchen das Bild des Begräbnisses vermittelt, während die Besprengung zur Annahme eines falschen Sakramentalismus verführt, so als ob es der Wassertropfen und nicht der im Glauben bewußt nachvollzogene Tod Christi sei, der das neue Leben bewirkt. „Wir glauben", sagt der Schweizer Theologe *Louis Secrétan,* „daß der Brauch des Untertauchens seinen Wert hat, daß er ein überzeugendes, sichtbares Zeichen ist. Mit der Besprengung jedoch verhält es sich ganz anders. Indem die Kirche das Zeichen geändert hat, hat sie den Sinn der Taufe verdunkelt. Die Besprengung verleitet nämlich zu der Annahme, daß es die Taufe sei, die auf magische Weise den Menschen rettet, und daß es der Wassertropfen sei, der das Heil vollbringt."[9]

Aber nicht das Wasser, sondern der Glaube an den Versöhnungstod Christi reinigt von Schuld (1. Johannes 1, 7; Römer 3, 25). Die Taufe zeigt beides an, den Tod Christi als grundsätzliches Heil und den Glauben, der dieses Heil für sich persönlich ergreift. So ist die Taufe ohne diesen persönlichen Glauben wertlos. Der Taufe geht immer gehörtes Wort und bekennender Glaube voraus (Markus 16, 15. 16). Daher wird auch ein Mensch nicht durch die Taufe, sondern durch den Glauben errettet. Aber da die Taufe ein Gebot Christi ist, wird der Glaube gehorchen und sich auf diese Weise für Christus und das ewige Leben entscheiden.

Wenn also nur die Taufe auf den persönlichen Glauben echte Taufe im urchristlichen Sinn ist, dann ist die heute in den Volkskirchen geübte Säuglingstaufe abzulehnen. Von so unterschiedlichen

Theologen wie *Friedrich Schleiermacher* im 19. Jahrhundert bis zu *Karl Barth* im 20. Jahrhundert reicht der weite Bogen derer, die klar zugeben, daß die Kindertaufe weder im Neuen Testament zu finden, noch aus dem Neuen Testament zu begründen ist. *Schleiermacher* deckte die Achillesferse der Reformation auf, wenn er sagte: „Alle Spuren von Kindertaufe, die man im Neuen Testament hat finden wollen, müssen erst hineingetragen werden ... Daher hätte man füglich, um der Einsetzung Christi wieder näher zu treten, bei der Reformation die Kindertaufe fahren lassen können."[10] *Karl Barth,* der vielleicht bekannteste evangelische Theologe des 20. Jahrhunderts, spricht gar von einer „Unsitte der Säuglingstaufe",[11] der es zu wehren gelte, und fragt provokativ:

„Kann und darf eigentlich in dieser Sache theoretisch und praktisch alles so weitergehen wie bisher? Die Frage richtet sich zunächst an die katholische Theologie, in der man zwar ein leises Knistern im Gebälk auch an dieser Stelle nicht überhören kann, eine klare theologische Neubesinnung aber sich erst in weiter Ferne abzeichnet. Die Frage richtet sich aber auch an unsere ‚protestantischen' Kirchenregierungen ... Wie soll sie [die Kirche] wesensmäßig missionarische und also nicht unmündige, sondern mündige Kirche sein oder wieder werden, solange sie verstockt und gegen alles bessere Wissen und Gewissen fortfährt, mit dem Taufwasser so respektlos verschwenderisch umzugehen, wie es nun seit Jahrtausenden geschehen ist? ... Was hilft uns die beste Ekklesiologie [Lehre von der Kirche], solange man sich an diesem kleinen, aber praktisch entscheidenden Punkt der längst fälligen Reform obstinat entziehen will?"[12]

Diese richtigen Einsichten basieren aber nicht nur auf einer zutreffenden Auslegung der neutestamentlichen Texte, sondern auch auf eindeutigen Fakten der Kirchengeschichte. Die erste unumstrittene Spur der Kindertaufe begegnet uns erst bei *Tertullian* (Beginn des 3. Jahrhunderts), der diese Form der Taufe aber bekämpft und ausdrücklich als falsch zurückweist.[13] Er hätte dies sicherlich so nicht getan, wenn es dabei um einen frühen christlichen Brauch gegangen wäre. „Obwohl die magisch-sakramentale Auffassung", so sagt der Kirchenhistoriker *Karl Heussi,* „das Aufkommen der Kindertaufe begünstigte ... blieb während des ganzen christlichen Altertums die Erwachsenentaufe die Regel."[14] Erst als *Augustinus* (4./5. Jahrhundert) im Pelagianischen Streit zur Stützung seines an sich berechtigten Kampfes für die Priorität und Ausschließlichkeit der Gnade auf die unbiblische Lehre von der Erbschuld auswich, erlangte die Säuglingstaufe größere Bedeutung, denn von nun an konnte man behaupten, das Taufsakrament sei zur Abwaschung dieser Erbschuld notwendig, und ungetaufte Säuglinge könnten nicht errettet werden.[15] Aber Erbschuld ist, wie *Karl Barth* treffend sagt, eine „contradictio in adiecto"[16] – also „hölzernes Eisen" –, denn Schuld kann nicht vererbt werden, sie ist immer persönliche und selbst zu verantwortende Tat (Hesekiel 18, 20).

Die „Ursünde" der ersten Menschen verursachte zwar in den Nachkommen das radikal Böse, das Erbverderben, aber dies wird erst durch persönliches Versagen zur Schuld. Wie der Mensch nur durch persönlichen Glauben errettet wird, so geht er auch nur durch persönlichen Unglauben und nicht durch die Schuld der Ahnen verloren.

Aber dies ist bis heute nicht der einzige untaugliche Versuch geblieben, eine spätere kirchliche Tradition zu stützen, die im Widerspruch zu Jesus Christus und den Aposteln steht. Es ist zwar das große Verdienst der Reformation, die Gottesbeziehung des Menschen ausschließlich an den Glauben gebunden zu haben, so daß man tatsächlich von einer „Wiederentdeckung des paulinischen Evangeliums" sprechen kann. In der Tauflehre wirkte sich dies freilich nicht aus, da sind die Reformatoren weit hinter ihrer eigenen Erkenntnis zurückgeblieben. *Luther* hatte zwar sehr klar das Sakrament als „Glaubensgeschäft"[17] definiert, aber der frühe *Luther* dachte dabei an den Glauben des Taufpaten. Sehr bald freilich erkannte er, daß Glaube etwas Persönliches ist („Ein Christ ist eine Person für sich selbst, er glaubt für sich selbst und sonst für niemand"[18]) und sagt richtig: „Taufe hilft niemand, ist auch niemand zu geben, er glaube denn für sich selbst, und ohne eigenen Glauben niemand zu taufen ist."[19] Statt aber auf die Mündigentaufe zu schlußfolgern, landete er, um die Unmündigentaufe zu retten, beim „Kinderglauben". Die Säuglinge kämen zum Glauben, indem sie das Evangelium hören, „mit Ohren ohne Vernunft".[20] Damit gab er aber freilich den biblischen Glauben preis, der ja immer Erkenntnis und Bekenntnis einschließt (Römer 10, 17; 2. Korinther 4, 13).

Die Lehre vom Säuglingsglauben war und ist untauglich, das Problem der Kindertaufe zu lösen. Der späte *Luther* hat das selbst

11, 26), der für sie (1. Korinther 11, 24), für viele (Markus 14, 24), ja, für die Welt (Johannes 6, 51) geschehen ist.

Mahl der Versöhnung: Brot und Kelch werden aber nicht nur gedeutet und angesehen. Das Brot soll gegessen, der Wein getrunken werden. So konkret der Gläubige dies tut, so konkret darf er der Vergebung seiner Schuld durch den Tod Christi gewiß sein (Matthäus 26, 27. 28).

Mahl der Gemeinschaft: Da alle Teilnehmer von einem Brot essen und aus einem Kelch trinken sollen – was nach dem beim Passah üblichen Brauch meistens mit Hilfe von Einzelkelchen geschah, in die aus dem Gesamtkelch unvergorener oder stark verwässerter Wein eingegossen wurde –, kommt sehr sinnfällig zum Ausdruck, daß das Herrenmahl Mahl der brüderlichen Gemeinschaft ist. Die Glaubenden „sind ein Leib" (1. Korinther 10, 17); d. h. sie bilden eine festgefügte Gemeinschaft, in der jeder einzelne wie ein Glied an einem Organismus gesehen wird (1. Korinther 12, 12–27). Jeder hat Bedeutung, aber letztlich nur im Verband mit den anderen Gliedern und mit dem Haupt des Leibes, Christus (Kolosser 1, 18).

Mahl der Hoffnung: Aber nicht nur Vergangenheit und Gegenwart sind in das Mahl eingeschlossen, sondern auch die Zukunft. Jedes Herrenmahl ist ein Hinweis auf die endzeitliche Mahlgemeinschaft, die der Messias verheißen hat (Matthäus 26, 29). Damit wird auf die Erfüllung und Freude des Reiches Gottes hingewiesen, welche einst jenen gehören wird, die jetzt glauben und im Glauben bleiben. So hat das Herrenmahl auch einen adventistischen Zug. Jetzt ist der Herr unsichtbar gegenwärtig, der Glaube allein verbindet uns mit ihm. Eines Tages aber wird er sichtbar kommen und sein Reich auch sichtbar aufrichten. Jedes Abendmahl ist ein Schritt hin auf dieses Ziel (1. Korinther 11, 26). Darum wurde das Herrenmahl in der Urchristenheit mit Freude gefeiert, denn die Glaubenden wußten, daß nichts – auch nicht der Tod – von Gott trennen kann und daß das Schönste – Gemeinschaft mit Gott und den Gläubigen in der neuen, ewigen Welt – so gewiß kommen wird, wie sie an diesem Mahl teilnehmen.

So ist das Abendmahl kein gewöhnliches Mahl. Es setzt eine gründliche Selbstprüfung voraus (1. Korinther 11, 28), denn durch liebloses Verhalten gegenüber dem Bruder und durch Nichtbeachten der tieferen Bedeutung des Geschehens kann der Mensch an

Christus schuldig werden (1. Korinther 11, 27–29). Christus kann auch heute noch durch Unglauben gekreuzigt werden (Hebräer 6, 4–6).

Um seine Jünger daher auf das Mahl vorzubereiten, hat Jesus wahrscheinlich da, wo sich der Hausvater beim Passah die Hände wusch, die Fußwaschung an den Jüngern geübt (Johannes 13, 1–17). Im Orient, wo man in Sandalen und ohne Strümpfe über staubige Straßen wanderte, war die Fußwaschung ein notwendiger täglicher Reinigungs- und Erfrischungsvorgang. Bei den Griechen und Römern war sie Sklavendienst,[30] wurde aber auch als Zeichen der Hochachtung und Verehrung vom Freien als Liebesdienst gegenüber dem Freund geleistet.[31] Im Frühjudentum – also zur Zeit Jesu und der ersten Christen – fiel sie entweder als Sklavendienst dem ausländischen Sklaven[32] oder als Liebesdienst der Frau bzw. den Kindern gegenüber dem Gatten und Hausvater zu.[33] Einem besonderen Gast wusch als Zeichen der Achtung der Hausherr selbst die Füße (Lukas 7, 44). Bewußt durchgeführt, sollte die Fußwaschung ein Zeichen der Liebe, Demut und Achtung sein.

Jesus hat diesen alltäglichen Dienst zum Zeichen seiner Liebe und Hingabe (Johannes 13, 1) dem Abendmahl vorangestellt. Damit hat er den Jüngern eine Lehre erteilt, an die sie sich stets erinnern sollten. Nach der Darstellung des Lukas, die wahrscheinlich nicht chronologisch genau aufgebaut ist, aber das Motiv sehr gut herausarbeitet, haben die Jünger gestritten, wer von ihnen der Größte sei. Während Jesus ihnen wie ein Sklave die Füße wusch, sagte er: „Die Könige der Welt unterdrücken ihre Völker, und die Tyrannen lassen sich ‚Wohltäter des Volkes' nennen. Bei euch muß es anders sein. Der Höchste unter euch muß wie der Niedrigste sein und der Führende wie der Untergebene. Wer ist denn der Höchste: wer am Tisch sitzt oder wer bedient? Natürlich der am Tisch! Aber ich bin unter euch wie der Diener." (Lukas 22, 25–27, GN) So hat Jesus die Fußwaschung vom täglichen Brauch zum Zeichen der Zugehörigkeit zu ihm (Johannes 13, 8) und der Liebe der Jünger untereinander erhoben (Johannes 13, 14). Die Fußwaschung läßt somit eine doppelte Bedeutung erkennen:

- Sie ist Abbild des vollkommenen Liebesdienstes und der Vergebung Jesu für seine Jünger. Dieser Dienst vollendete sich in seiner freiwilligen Selbsterniedrigung am Kreuz.

● Die Jünger „müssen“ nun „einander“ (griechischer Text) die Füße waschen zum Zeichen ihrer Liebe und Vergebung untereinander (Johannes 13, 14). Was Jesus ihnen getan hat, ist nicht nur eine Möglichkeit, Liebe zu üben, sondern ein Vorbild, das sie nachahmen sollen (Johannes 13, 15). Wer so handelt wie Jesus – indem er die rechte Gesinnung so augenfällig zum Ausdruck bringt –, wird vom Herrn als „glückselig“ gepriesen (Johannes 13, 17).

Wenn man dem Text folgt, wie er in einem der ältesten Zeugen des Johannesevangeliums, dem Papyrus 66 aus dem zweiten/dritten Jahrhundert, überliefert ist, läßt sich die oben genannte Doppelbedeutung noch vertiefen. Da sagt Jesus: „Wer gewaschen ist, bedarf nichts, als daß ihm die Füße gewaschen werden; denn er ist ganz rein.“ (Johannes 13, 10) Im griechischen Text geht es bei „waschen“ um zwei verschiedene Verben. Das erste weist auf ein Vollbad, das zweite kann auch für eine Teilwaschung verwendet werden. Da an anderen Stellen des Neuen Testamentes das erste Verb für die Taufe verwendet wird (1. Korinther 6, 11; Hebräer 10, 22), läßt sich folgender Sinn festhalten: Wer ein Vollbad empfangen hat, d. h. die Taufe und damit die Sündenvergebung durch Gott, der braucht nur noch die gegenseitige Fußwaschung und damit die Vergebung untereinander. Das erste ist grundsätzlich einmalig, weil Gott seine Zusage nicht zurücknimmt, das zweite muß man sich oft durch die Fußwaschung zusichern, weil die Jünger einander häufig durch Lieblosigkeit verletzen.

In der nachapostolischen Christenheit hat man die Fußwaschung noch geübt, allerdings nicht mehr im Zusammenhang mit dem Abendmahl, sondern mit der Taufe. In der Reichskirche wurde sie zum Teil verboten (4. Jahrhundert: Synode von Elvira), zum Teil wieder gefordert (694: Synode von Toledo). Die Ostkirche hat sie als Sakrament beibehalten, die römisch-katholische Kirche als Sakramentale, d. h. als sakramentähnliche Handlung, die nicht von Christus, sondern von der Kirche eingesetzt wurde (!), und nicht aus dem Vollzug, sondern durch die Fürbitte der Kirche wirkt.[34] So wäscht am Gründonnerstag der Papst zwölf Armen die Füße. In den Reformbewegungen des Mittelalters wurde die Fußwaschung in verschiedener Weise geübt: Die Albigenser wuschen die Füße nach dem Abendmahl, die Waldenser übten sie an ihren Wanderpredigern. Für *Luther* war die Fußwaschung nur ein Symbol der rechten

Predigt;[35] die Übung selbst erschien ihm als Verführung zur Heuchelei.[36] Danach wäre also jede buchstäbliche Befolgung der Gebote unehrlich! Wie stünde es da mit Taufe und Abendmahl? Daß der Akt nicht verdienstlich ist und daß nur die Gesinnung zählt, hebt die von Christus geforderte buchstäbliche Befolgung sicherlich nicht auf.

Wie in der Frage der Glaubenstaufe waren auch in der Frage der Fußwaschung die Taufgesinnten die eigentlichen Reformatoren. Zwar haben sie nicht alle Täufer geübt – bei den Schweizern und den Hutterischen Brüdern fehlt sie –, aber sie taucht bei *Hubmaier* und *Pilgram Marbeck* auf, ganz besonders aber bei den Mennoniten. *Menno Simons* wollte ihr zwar nur den Charakter eines gastfreundschaftlichen Aktes zuerkennen, aber *Dirk Philips* und andere erkannten ihre religiöse Bedeutung. Aus diesem Grund feiern die meisten Mennonitengemeinden heute noch die Fußwaschung, teils nach, teils vor dem Herrenmahl.[37] Aber die Täufer waren nicht die einzigen, die sie in der Reformationszeit wiederentdeckten. Auch die Hussiten übten sie im 16. Jahrhundert und die Herrnhuter Brüdergemeine bis ins 19. Jahrhundert.

In der ersten Adventbewegung um *William Miller* gab es ablehnende und befürwortende Stimmen. Durch die zweite Adventbewegung aber, die Siebenten-Tags-Adventisten, ist dieses Gebot Christi voll anerkannt und die urchristliche Übung wiederhergestellt worden. Fußwaschung und Mahlgemeinschaft erscheinen so als die am deutlichsten denkbare Manifestation der „familia Dei", der neutestamentlichen Familie Gottes.

Nach dem Johannesevangelium hat Jesus am Anfang des Passahmahles (Johannes 13, 2–5) den Jüngern die Füße gewaschen. Das Essen des ungesäuerten Brotes und des Lammes erfolgte erst später (Johannes 13, 26). Nach jüdischem Brauch kreiste ein erster Becher ganz am Anfang des Mahles und ein zweiter vor dem eigentlichen Essen von Brot und Lamm. Während des Essens kreiste der dritte Kelch, der „gesegnete Kelch" (1. Korinther 10, 16). An dieser Stelle hat Jesus wahrscheinlich das Passah zum eigentlichen Herrenmahl erhoben, indem er dem Brot und dem Wein die neue, neutestamentliche Bedeutung gab. Allein diesen Teil erachteten die ersten Christen als „Brotbrechen" verbindlich und folgten damit einem Gebot des Meisters (Lukas 22, 19. 20). Dieses Brotbrechen ist Ausdruck der Vergebung Gottes aufgrund des messianischen Versöhnungstodes.

Es ist konkret nahegebrachtes Angebot, das nur der Glaube ergreifen kann. Das Herrenmahl ist somit genausowenig ein Sakrament wie die Taufe. Es ist Worthandlung. Durch die Elemente und die Handlung wird dem Glaubenden die Heilsbedeutung des Todes Christi erkennbar. Es geht um Verkündigung, um Wort und Antwort, und eben nicht um eine instrumentale, aus dem Vollzug der Handlung heraus wirkende Eingießung eines himmlischen Stoffes. Auch ist das Herrenmahl über seinen Gedächtnis-, Gemeinschafts- und Hoffnungscharakter hinaus kein Meßopfer.

Im Neuen Testament wird nur das Geschehen am Kreuz, nie aber das Erinnerungsmahl Opfer genannt. Wäre das Abendmahl ein Opfer, könnte ja der Gedanke aufkommen, daß das Opfer Christi am Kreuz nicht vollkommen war und daß es einer Ergänzung bedarf, weil es eben nur als „ein Teil“ gesehen werden kann, das wiederum des Meßopfers als eines „anderen Teils“ bedarf, ohne den das Kreuzopfer „uns eben nicht vollkommen erlösen würde“.[38]

Diese Umbildung der biblischen Mahlgemeinschaft zu einem sakramentalen Opfer, wie sie im römisch-katholischen Dogma vollzogen wurde, läßt das Opfer Christi heute noch „fortdauern“[39] und sich „unblutig erneuern“.[40] Es gilt – weil es eben als Sakrament nicht des persönlichen Glaubens bedarf – nicht nur für Lebende, sondern auch für „Tote“,[41] denen es zur „Erleichterung“[42] im Fegfeuer gespendet werden soll. So kann eine Messe vom Priester allein gefeiert werden,[43] was den ursprünglichen Sinn des Gemeinschaftsmahls völlig aufhebt. Diese Anschauungen sind freilich nicht von Anfang an dagewesen. Sie sind das Produkt einer langen Entwicklung unter dem Einfluß unbiblischer Ideen. Diese Ideen sind dem Neuen Testament fremd. Dort hat Christus mit dem Kreuzesopfer „ein für allemal“ (Hebräer 10, 10) die Gläubigen erlöst und geheiligt.

Damit ist kein weiteres Opfer mehr notwendig. Christus ist nach seiner Auffahrt zum Vater nicht mehr im Zustand des Opfers, sondern des Fürsprechers (Hebräer 10, 11. 12; 7, 25; Römer 8, 34). Was jetzt noch aussteht, sind seine Wiederkehr und das Gericht (Hebräer 10, 13). Die Lehre vom Fegfeuer aber ist vollkommen unbiblisch. Nach dem Tod gibt es keine Veränderung mehr (Hebräer 9, 27), alles entscheidet sich in diesem Leben (2. Korinther 5, 10).

Die Lehre vom Abendmahl als andauerndem Opfer führte zu einer zweiten Fehlentwicklung in der Geschichte des Christentums: der

Die Verantwortung des Menschen gegenüber seinem Mitmensch
ist eine ganz praktische, konkrete Lebenshaltun
Entwicklungshilfe ist ein Dienst für Gott und Mensch, für Schöpfer und Schöpfun

Idee von der Wesensverwandlung (Transsubstantiation) der Elemente Brot und Wein in den wahren Leib und in das wahre Blut Christi. Diese Anschauung wurde 1215 auf dem vierten Laterankonzil zum Dogma erhoben[44] und auf dem Konzil von Trient (16. Jahrhundert) erneut bestätigt.[45] Wenn der geweihte Priester – nur er – die Konsekrationsworte „Dies ist mein Leib“ spricht, verwandelt sich die Substanz des Brotes in die Substanz des Leibes Jesu. Nur hinzukommend bleibt dem Auge das Brot als Brot sichtbar. So wird dann Christus tatsächlich millionenmal täglich von Meßteilnehmern „gegessen“.[46] Aber Jesus und die ersten Gemeinden in Palästina haben aramäisch gesprochen. In dieser Sprache lauteten die Worte wahrscheinlich nur: „Dies mein Leib“, wobei das Wort für Leib auch das Ich, die Person, bezeichnen kann. Jesus wollte den Jüngern damit sagen: Dieses gebrochene Brot verkündigt euch mich, mein für euch dahingegebenes Leben (Jesaja 53, 5). Daß die griechisch schreibenden Evangelisten das Wörtchen „ist“ eingefügt haben, hebt den Charakter der Bildrede nicht auf. Nur so erklärt es sich, daß der Kelch der neue Bund „ist“ (1. Korinther 11, 25) und daß die Mahlgemeinschaft ein Leib „ist“ (1. Korinther 10, 17). So ist das Herrenmahl nichts anderes als die Verkündigung des messianischen Versöhnungstodes, der für den Glaubenden Vergebung, Gemeinschaft und Hoffnung stiftet.

Durch das Aufnehmen der Elemente – sie sind ja auch nach den Einsetzungsworten noch Brot und Wein (1. Korinther 11, 26–28) – wird der Tod des Messias dem Essenden und Trinkenden mitgeteilt. Ihm wird zugesagt: Es ist auch für dich geschehen! So findet jedes Abendmahl seine Begründung im vor zweitausend Jahren erfolgten Sühnetod Jesu, in dem Gott seine Liebe nicht nur aussprach, sondern auch ausführte.

Jedes Abendmahl ist zugleich echte Tischgemeinschaft. Zuerst auf der Vertikalen, mit Christus, dem Herrn des Mahles, denn immer, wenn er verkündigt wird, ist er auch gegenwärtig. Aber nicht als physisches Objekt, das man in die Hände nehmen und aufessen kann, sondern als Person, als der Auferstandene, als der im Heiligen Geist Gegenwärtige. „Seine Gegenwart ist die einer Begegnung, nicht eines Naturphänomens, ist Handeln Gottes mit und an uns, nicht die Bildung einer neuen Substanz, derer man habhaft werden könnte.“[47]

Gleichzeitig verleiht das Mahl auch Gemeinschaft auf der Horizontalen, mit der übrigen Jüngerschar in echter Bruder- und Schwesternschaft, geeint in gleichem Glauben und gleicher Liebe.

Nicht zuletzt aber weist das Herrenmahl in die Zukunft. Der adventistische Gedanke, der Ausblick auf den wiederkehrenden Herrn und damit Hoffnung und Freude, überlagert die Mahlgemeinschaft. Das Herrenmahl erschöpft sich nicht in einem bloßen Gedächtnisakt. Neben Vergangenheit und Gegenwart tritt das verbürgte Leben aus der Zukunft ins Blickfeld. Jesus Christus lebt und gibt uns Anteil an diesem Leben jetzt und dann. Der Glaube sieht auf die Vollendung, denn er stützt sich auf die Zusage Christi, daß der, der jetzt ißt und trinkt, auch essen und trinken wird „in meines Vaters Reich“ (Matthäus 26, 29).

Die Vorhut des Kommenden

Am Anfang war die Gemeinschaft

So weit man in der Geschichte zurückgehen kann, tritt uns der Mensch, wie *Aristoteles* sagt, als „Gemeinschaftswesen“ entgegen. Als solches schafft er im Unterschied zum Tier Kultur, ist sich seiner Geschichte bewußt und hat Religion. Auch nach der Bibel gehört Gemeinschaft zu den Grundbedürfnissen des Menschen. „Am Anfang war die Gemeinschaft“ *(G. Gloege)* drückt angemessen aus, daß die Frau als „Gegenüber“ (1. Mose 2, 18) des Mannes geschaffen wurde und beide zusammen als „Bild Gottes“ (1. Mose 1, 26. 27) auf die Gemeinschaft mit dem Schöpfer hingeordnet sind. So entfaltete sich Gemeinschaft auf der horizontalen Existenzebene von Familie zu Sippe, Stamm und Volk, in der vertikalen Dimension aber zur religiösen Kultgemeinschaft. Von der Betergruppe aus dem sumerischen Tell Asmar (3. Jahrtausend v. Chr.) bis zur Gegenwart reichen die Zeugnisse, daß Beten nicht nur menschlich ist, sondern auch ein Gemeinschaftsbewußtsein im vertikalen und horizontalen Lebensbezug artikuliert. Jesus sagt: „Wo zwei oder drei in meinem Namen zusammenkommen, da bin ich selbst in ihrer Mitte.“ (Matthäus 18, 20, GN)

Hoffnung auf Verheißung kann daher nicht nur Hoffnung für den einzelnen bedeuten, sondern sie ist Hoffnung für viele. Die Gottesherrschaft als Wende der Welt erschöpft sich nicht im inneren Frieden des einzelnen – so wichtig und berechtigt dieser Aspekt auch sein mag. Sie zielt letztlich auf die Veränderung der ganzen Welt. Gott will eine an ihn glaubende neue Menschheit in einer neuen, gerechten Welt. In der Parusie (Wiederkunft) begegnet Christus daher nicht dem einzelnen, sondern er kommt zur Errettung seines Volkes, zur Befreiung aller, die auf ihn warten und die auf dieses Ziel hinwirken.

Ein solches Volk hat Gott immer gehabt. In der Zeit vor Christus, der Zeit des Alten Bundes, war es Israel. Dieses Volk wurde nicht erwählt, weil es imposanter war als die anderen Völker, sondern weil Gott dieses kleine Volk liebte (5. Mose 7, 7. 8) und sich durch dieses Volk allen Völkern bekanntmachen wollte. Aus Israel sollte der Messias kommen und zum „Licht der Völker" werden (Jesaja 42, 1–7). Besonders die Propheten des Alten Testamentes haben immer wieder betont, daß auch die Völker außerhalb Israels zu Gottes Volk werden können (Sacharja 2, 15), wenn sie sich dem Gott Israels zuwenden (Jesaja 65, 1). Israel sollte den Glauben an den einen wahren Gott unter die Völker tragen (Jesaja 66, 19), und die Völker sollten zu Israel kommen (Jesaja 66, 18; Sacharja 8, 22) und am Tempel, dem „Bethaus aller Völker" (Jesaja 56, 6. 7), Gott anbeten. Unter der Voraussetzung, daß Israel Gott gehorchen würde, sollte es zum „Haupt" unter den Völkern werden (5. Mose 28, 12. 13). Sollte es aber versagen, würde es anderen Völkern unterliegen und in alle Welt zerstreut werden (5. Mose 28, 37. 43. 62–65).

Wer die Geschichte des alten Bundesvolkes studiert, weiß, wie wechselvoll sie verlaufen ist. Auf geistliche und politische Höhepunkte – so zum Beispiel unter David – folgten Rückschläge durch die Reichsteilung im zehnten Jahrhundert und die Niederlagen gegen die Assyrer im achten und die Babylonier im sechsten Jahrhundert vor Christus. Die Propheten enthüllen die Bedeutung dieses Auf und Ab. Jeremia zum Beispiel deutet die Ursache der Babylonischen Gefangenschaft so: „Deine Bosheit ist schuld, daß du so geschlagen wirst, und dein Ungehorsam, daß du so gestraft wirst. Und du mußt innewerden und erfahren, was es für Jammer und Herzeleid bringt, den Herrn, deinen Gott zu verlassen und ihn nicht zu fürchten." (Jeremia 2, 19)

Während sich immer wieder ein Großteil des Volkes von Gott abwandte, blieben aber doch „Reste" von Treuen erhalten (Jeremia 23, 3). Mit einem solchen Rest ging die Heilsgeschichte auch nach dem Babylonischen Exil weiter. Um die Zeit des Jesus von Nazareth waren es die Juden, „die auf die Erlösung Jerusalems warteten" (Lukas 2, 38): der Priester Zacharias und seine Frau Elisabeth, der galiläische Bauhandwerker Josef und seine Frau Maria, die kindlich gläubigen Hirten von Bethlehem, Simeon, der auf den „Trost Israels" wartete (Lukas 2, 25), und die Prophetin Hanna. Aber nicht nur in Israel wurde der Messias erwartet. Weise aus dem Osten, die wahrscheinlich mit den Weissagungen der hebräischen Propheten durch in Mesopotamien wohnende Juden bekannt geworden waren, haben sich, als Jesus, der Messias, geboren wurde, nach Judäa führen lassen, um dem Verheißenen zu huldigen (Matthäus 2, 1–12). Dies war ein Zeichen, daß der Gottgesandte nicht nur für Israel, sondern auch für die ganze übrige Welt Bedeutung haben sollte.

Nach den Königsweissagungen (vgl. Das Geheimnis des Reiches) hat der Großteil des damaligen jüdischen Volkes den Messias als politischen Triumphator erwartet, der sie von der Knechtschaft befreien sollte. Nach den Knechtsweissagungen erschien er aber als der „andere Messias", der durch seinen Versöhnungstod aus der Knechtschaft der Schuld befreite und Israel und den Völkern Frieden mit Gott schaffte, bis er bei seiner Wiederkunft den Frieden in der ganzen Welt durchsetzen wird.

Diese heilsgeschichtliche Ordnung – zuerst Niedrigkeit, dann Hoheit – war natürlich eine gewaltige Herausforderung für die Zeitgenossen Jesu. Auch die Männer um Jesus – Johannes der Täufer (Matthäus 11, 2–6) und die Nachfolger Jesu (Lukas 24, 21) – verstanden diesen Weg nicht. Erst im Lichte seines Todes und seiner Auferstehung erkannten sie den tieferen Sinn seiner Leiden und „die Herrlichkeit danach" (1. Petrus 1, 11).

Jesus, der Mann aus Nazareth, und die, die ihm in seinem Erdenleben nachgefolgt waren, bildeten den „Rest", der zum Kern des Gottesvolkes der messianischen Zeit, der Endzeit, werden sollte. Dabei kam es nicht mehr auf die Nationalität, sondern auf die persönliche Bereitschaft zur Nachfolge an.

Mit dem Ruf „Folge mir nach" setzte Jesus das „initium ecclesiae", den Anfang der neuen Gemeinde.[1] Analog zu den zwölf Stämmen und den siebzig Ältesten im Alten Testament berief Jesus zwölf bzw. siebzig Jünger, welche die mit ihm anbrechende Gottesherrschaft in Israel verkündigen sollten. Damit schuf Jesus die Grundlagen für die spätere, weltweite christliche Kirche oder Gemeinde. Er selbst beschränkte sich in seinem Erdenleben auf Israel (Matthäus 15, 24). Da der Messias aus diesem Volk kommen sollte, mußte ihm zuerst Gelegenheit gegeben werden, sein Heilswirken zu erfahren. So identifizierte und solidarisierte sich der Mann aus Nazareth ganz mit seinem Volk. Deshalb konnte er sagen: „Das Heil kommt von den Juden." (Johannes 4, 22) Er hat aber auch bitter über die Blindheit und Ablehnung seines Volkes geklagt (Lukas 19, 41–44).

Bei aller Liebe zu Israel ging er nicht auf im Denken seiner Landsleute. Weder war er ein zelotischer Fanatiker noch ein essenischer Mönch, weder ein pharisäischer Gesetzesmensch noch ein sadduzäischer Liberaler. Er verstand sich als der, der ganz auf die Seite Gottes gehörte und „in sein Eigentum gekommen war" (Johannes 1, 11), um Israel zu sich zurückzurufen. Dabei konnte er auch über die Grenzen seines Volkes hinaussehen und die Menschen erahnen lassen, daß Gottes Volk größer ist als eine Nation. So zum Beispiel, wenn er sich über das Vertrauen eines heidnischen Hauptmannes wunderte, das er so in seinem Volk nicht gefunden hatte. Von daher konnte er sagen, daß viele „Heiden" Anteil an Gottes Reich haben würden, während die „Kinder des Reichs" ausgeschlossen blieben (Matthäus 8, 10–12).

Aus seinem messianischen Selbstbewußtsein kam der Anspruch, nicht nur der Hirte Israels, sondern auch der „anderen Schafe" zu sein (Johannes 10, 16). Die Realisierung des Plans überließ er freilich der Zukunft. Er sagte: „Ich *werde* meine Gemeinde bauen, und die Pforten des Totenreichs *werden* sie nicht überwältigen." Da zum Messias auch das messianische Volk gehört, das an ihn glaubt, schuf er mit den Zwölf, den Siebzig und den Hundertundzwanzig die Voraussetzung dafür. Erst der Auferstandene aber wird die weltweite Perspektive seines Auftrags, „Heil" zu sein, „bis an die Enden der Erde" (Jesaja 49, 6) mit dem Missionsauftrag realisieren.

Dabei muß freilich bedacht werden, daß die Kirche oder die Gemeinde nicht der Zentralinhalt des Neuen Testamentes ist. Der Satz „Christus ist in die Welt gekommen, um die Kirche zu gründen" *(Thomas von Aquin)*[2] ist nur eine Halbwahrheit. Das Hauptthema der jesuanischen Verkündigung war der Einbruch der Gottesherrschaft in Gegenwart und Zukunft. Aber Gottesherrschaft oder Reich Gottes und Gemeinde sind nicht zwei unvereinbare Faktoren. Mit der Gemeinde schuf der erhöhte Christus zu Pfingsten das Werkzeug, mit dem sich die Gottesherrschaft jetzt durchsetzen will, und den Vorraum, der zum zukünftigen sichtbaren Reich Gottes führen soll.

Der Satz: „Jesus verkündigte die Gottesherrschaft, und herausgekommen ist die Kirche" *(A. Loisy)*[3] ist allerdings genauso eine Halbwahrheit. Der irdische Jesus hat die Voraussetzungen zur Gründung der neuen messianischen Gemeinde gelegt, die auf den Glauben an den Auferstandenen und durch die Geistbegabung zu

Pfingsten gegründet wurde und damit aus Israel hervortrat. Die vom Geist verliehene Gabe der Sprachen (Apostelgeschichte 2, 4–11) sollte die nun anbrechende Universalität des Heils sichtbar machen. „Die Gemeinde ist das von Gott erwählte Werkzeug, Menschen zum Heil zu führen. Sie wurde gegründet, um zu dienen, und ihre Aufgabe ist es, der Welt das Evangelium zu bringen. Von Anbeginn war es Gottes Plan, daß seine Gemeinde der Welt die ‚Fülle seines Wesens' und seiner Kraft widerspiegelt." *(E. G. White)*[4] Im Bezugsgeflecht Gott-Mensch hat die Gemeinde keinen anderen Auftrag als die Verkündigung der Frohbotschaft vom Reich (Matthäus 24, 14). Aber es gilt nicht nur zu verkündigen, es gilt auch zu helfen: Das Evangelium muß gesagt und getan werden (Matthäus 25, 34–40). So ergibt sich auf der horizontalen Ebene – von Mensch zu Mensch – eine mehrfache Verantwortung:

- *Karitativ:* Der Gemeinde obliegt die Linderung der menschlichen Not durch Werke der Barmherzigkeit.
- *Sozial:* Die christliche Gemeinde kann nicht gefühllos bleiben angesichts des Klassen- und Rassengefälles in der Welt. Sie soll in der Gesellschaft den Einsatz zur Verwirklichung von mehr sozialer Gerechtigkeit mit friedlichen Mitteln wagen.
- *Politisch:* Weil Gott ein Gott der Freiheit und des Friedens ist, wird auch die Gemeinde für Glaubens- und Gewissensfreiheit, für Frieden und Versöhnung in der Welt eintreten.

Dies soll sie aber allein mit der ihr zustehenden „Waffe" tun, dem Wort, dem Zeugnis der Wahrheit. Vor allem ist sie „ecclesia ministrans", dienende Gemeinde. „Daß sie Christus – und damit den Menschen – dienen darf, ist ihre einzige Herrlichkeit." *(E. Käsemann)*[5] Wollen die Staaten die Welt hominisieren, d. h. technisieren, so soll die Gemeinde sie durch Wort, Vorbild und Tat humanisieren, menschlicher machen. Sie darf sich aber nie der Illusion hingeben, die Welt christianisieren zu können. Die Gemeinde ist in der Welt die „kleine Herde" (Lukas 12, 32), sie ist Endzeit- und Auszugsgemeinde; sie geht ihrem wiederkommenden Herrn entgegen, sie ist Adventgemeinde. Sie weiß um die Zerbrochenheit der Welt und kann nur Signale für das Reich setzen. Sie wartet auf das Reich und arbeitet für das Reich, denn sie weiß, daß es nur in diesem Reich echten Frieden und wahre Gerechtigkeit geben wird (2. Petrus 3, 11–13).

Das neue Volk

Er, der „in sein Eigentum“ gekommen war, wurde von „den Seinen“ nicht aufgenommen (Johannes 1, 11). Dies trifft bis heute auf eine Vielzahl von Menschen aus allen Völkern zu, war aber auch bei einem Großteil seines eigenen Volkes Israel der Fall. Wie einst Noah unter den Menschen zur Zeit der Flut, Abraham unter seinen Angehörigen, Kaleb und Josua in der Exodusgemeinde, Elia und die Siebentausend zur Zeit des großen Abfalls, Esra und die Rückwanderer aus dem Exil, so bildeten auch Jesus und seine Jünger als kleiner Rest das „wahre Israel“.

Mit der Zurückweisung des von Gott gesandten Messias, durch den Gott selbst unter sie getreten war, hatte das „fleischliche Israel“ (1. Korinther 10, 18) die Langmut seines Herrn erschöpft. „Das Reich Gottes wird von euch genommen“, sagte Jesus, „und einem Volk gegeben werden, das seine Früchte bringt.“ (Matthäus 21, 43) Damit wurde nicht der einzelne Jude abgeschrieben – tatsächlich war ja die urchristliche Gemeinde zum großen Teil judenchristliche Gemeinde –, aber Gottes aktives Wirken sollte von nun an durch das „Israel Gottes“ (Galater 6, 16) geschehen. Durch die Hinzufügung glaubender Heiden entstand so aus Israel und den Nationen das „neue Israel“, die christliche Gemeinde.

Das neue Bundesvolk sollte übernational und weltweit sein. Gott hat die Heiden „gnädig heimgesucht“, um aus ihnen „ein Volk für seinen Namen zu gewinnen“ (Apostelgeschichte 15, 14). So erfüllte sich, was die Propheten des Alten Testaments vorausgesagt hatten: Die Völker schlossen sich dem an den gekommenen Messias glaubenden Israel an (Römer 11, 17. 18). Das übrige Israel, das wegen seines Unglaubens aus dem Bund entlassen wurde (Römer 11, 19. 20), soll aber den Nationen nacheifern (Römer 11, 11) und durch den Glauben an Jesus Christus wieder aufgenommen werden (Römer 11, 23). Zur Zeit der Apostel waren dies „einige“ (Römer 11, 13. 14), aber in weiterer Zukunft soll zur „Fülle“ der Nationen (Römer 11, 25) die „Fülle“ Israels kommen (Römer 11, 12. 15), so daß das „ganze Israel“ – alle an Christus Glaubenden aus Israel *(A. Bengel)* oder überhaupt alle Gläubigen aus Israel und den Völkern *(Augustinus, Luther, Calvin)*[6] – errettet werden wird (Römer 11, 26). Denn die Christen aus allen Völkern sind wie einst Isaak, Abrahams Sohn von der Sara, geistgeborene „Kinder der Verheißung" (Römer 9, 6–8; Galater 4, 28), und nicht wie Ismael, Abrahams Sohn von der Hagar, natürlich geborene Söhne „nach dem Fleisch" (Galater 4, 23). So konnte Paulus, der Völkerapostel, die keltischen Galater als „Kinder Gottes" und „Kinder Abrahams" durch den Glauben bezeichnen (Galater 3, 26–29). Die griechischen Korinther sah er als Nachkommen der Israeliten, die einst aus Ägypten ausgezogen waren (1. Korinther 10, 1), und die mazedonischen Philipper betrachtete er als die eigentlich Beschnittenen, weil sie Gott im Geist dienten, Christus rühmten und sich nicht auf das „Fleisch" verließen (Philipper 3, 3). Auch der Apostel Petrus, der Judenapostel, konnte schließlich die einst Israel gegebene Verheißung (2. Mose 19, 5. 6) auf die auch aus Heidenchristen bestehende christliche Gemeinde beziehen (1. Petrus 2, 9; 4, 3).

So wird es verständlich, daß sich die Christenheit als Ganzes und auch jede christliche Ortsgemeinde im einzelnen mit dem Namen bezeichnete, der in der griechischen Übersetzung des Alten Testamentes häufig für Versammlung oder Gemeinde verwendet wurde: *ekklesía*. Dieses Substantiv hat sich aus dem Verb *ekkaléo* – herausrufen – gebildet. Die *ekklesía* ist also die Herausgerufene. Die Übersetzer der Septuaginta, der griechischen Übersetzung des Alten Testamentes, haben dieses Wort dem politischen Bereich entlehnt und auf den religiösen übertragen. Im alten Athen der klassischen Zeit (5. Jahrhundert v. Chr.) war die *ekklesía* die Vollversammlung der rechtsfähigen Bürger der *polis*, des Stadtstaates. Im Alten Testament hingegen wurde das Wort nicht nur für die politische, sondern auch für die kultische Versammlung verwendet. Aus dieser alttestamentlichen Volks- und Glaubensversammlung ist die neutestamentliche *ekklesía* herausgewachsen, das Glaubensvolk der Endzeit (1. Korinther 10, 11), in dessen Mitte sich schon zeichenhaft die Herrschaft Christi realisiert und das zur Aufgabe hat, Vorhut des Wiederkehrenden zu sein.

Eine andere Bezeichnung im griechischen Alten Testament – *synagoge* (das ist die Sammlung von Dingen und Menschen, im jüdischen Sprachgebrauch auch der Versammlungsort von mindestens zehn religiös mündigen Männern) – wurde in der Regel nicht mehr von den Christen verwendet. Diese Bezeichnung wurde zur Abgrenzung den Juden überlassen. Religionsgeschichtlich erscheint somit das Urchristentum zwar als eine jüdische Sekte (Apostelgeschichte 24, 5. 14), nach seinem Selbstverständnis und Anspruch aber als eschatologisches (endzeitliches) Gottesvolk.

Die Schreiber des Neuen Testamentes verzichteten aber darauf, dieses Verständnis abstrakt-begrifflich zu formulieren, und knüpften lieber, wenn sie Wesen und Aufgabe der Gemeinde darlegen wollten, an die konkret-bildhafte Sprache des Alten Testamentes an. Wie Israel einst *vor* allen Völkern auserwählt war, Gottes Wesen und Absichten transparent zu machen, so ist nun die Gemeinde auserwählt *aus* allen Völkern, diesem Auftrag nachzukommen. Darum ist die christliche Kirche oder Gemeinde das *königliche Priestertum,* das auserwählte Geschlecht, das heilige Volk (1. Petrus 2, 9). Alle sind der Würde nach Priester und Könige (Offenbarung 1, 6). Einen eigenen Priesterstand gibt es daher nach dem Neuen Testament in der irdischen *ekklesía* nicht. Der einzige fungierende Priester ist der vor Gott für sie eintretende Messias (Hebräer 7, 25–28). Auserwählte sind sie aus Gottes Heilswillen und Vorsehung schon seit Ewigkeit (Epheser 1, 4). Sie sind es aber durch Christus (Epheser 1, 5. 6.), d. h. durch die in der Zeit realisierte Erlösung (Epheser 1, 7–10), die von Juden (Epheser 1, 12) und Heiden (Epheser 1, 13) im Glauben angenommen werden muß. Bis zur endgültigen Erlösung ist ihnen der Heilige Geist – Erleuchtung und neues Leben – als „Angeld" gegeben (Epheser 1, 13. 18–23; 4, 30). Darum werden alle Gläubigen auch Heilige genannt (Epheser 1, 1). Weil Gott selbst durch den Geist in ihrer Mitte wohnt, ist die Gemeinde *Tempel Gottes* (1. Korinther 3, 16) oder *Haus Gottes* (1. Timotheus 3, 15).

Ein materielles, irdisches Heiligtum gibt es im Neuen Testament nicht mehr. Die Gläubigen sind die Bausteine des „geistlichen Hauses" (1. Petrus 2, 5), die Apostel und Propheten sind die Grundlage, Jesus Christus aber ist der Eck- oder Schlußstein (Epheser 2, 19–22). Statt buchstäblicher Opfer werden Gebet, gute Werke (Hebräer 13, 15. 16), ja, die Hingabe des ganzen Lebens zum Dienst „geopfert" (Römer 12, 1). Die Geistgemeinschaft mit Christus soll so eng sein wie die Gemeinschaft zweier Eheleute. Die Gemeinde ist daher auch *Frau und Braut* (Offenbarung 19, 7; 21, 9). Christus ist in dieser Verbindung Mann und Haupt, die Gemeinde ist die über alles Geliebte, für die er sein Leben gegeben hat (Epheser 5, 23–25). Durch die Taufe, die zeigt, daß die Heilsbotschaft gehört und angenommen wurde, sind die Gläubigen in den Bund eingetreten (Epheser 5, 26). Das zukünftige Ziel ist ein untadeliges Volk, mit dem Gott die neue Welt bauen will (Epheser 5, 27). Heilige sind nicht Sündlose, sondern Geheiligte: Menschen im Bereich des Christus, Menschen, die Vergebung erfahren haben, die zum Kampf und Sieg über das Böse aufgerufen sind (Epheser 4, 22–31), die aber auch noch versagen können und einander daher vergeben sollen, wie ihnen vergeben wurde. (Epheser 4, 26. 32).

Eine noch engere Beziehung kommt in dem Bild vom Körper und seinen Gliedern zum Ausdruck: Die Gemeinde als *Leib Christi* (1. Korinther 12, 27). Christus ist das Haupt (Epheser 1, 22), die Gemeinde der Leib, der Gläubige ein Glied (1. Korinther 12, 12–27). Dadurch kommt einerseits die Unzertrennlichkeit mit Christus und untereinander, andererseits die Überordnung Christi zum Ausdruck. Die Gemeinde hat keinen anderen Führer als ihn. Sein Stellvertreter ist der Heilige Geist (Johannes 16, 7; 14, 16. 17. 26) und nicht ein irdischer Mensch.

Die verantwortungsvollste Aufgabe unter den Gliedern hat der missionarische Verkündiger, der Apostel (1. Korinther 12, 28). Ein Dienst, der über den Aposteldienst hinausgeht – etwa im Sinne eines höchsten, unfehlbaren Lehramtes –, ist dem Neuen Testament unbekannt. So war wohl Petrus ein hervorragender Apostel, aber nicht die Spitze der Urchristenheit, und schon gar nicht der „ex cathedra“ unfehlbare Lehrer und verbindliche Richter der Gemeinde (Galater 2, 6–14). Die Norm des Glaubens waren die alttestamentlichen Schriften, die Bibel der Urgemeinde (2. Timotheus 3, 15–17), und das Wort Christi. Dieses gepredigte Wort existierte schon in apostolischer Zeit in schriftlicher Form (1. Johannes 1, 3. 4) und wurde dann als Neues Testament in Verbindung mit dem Alten Testament zum Kanon, zur abgeschlossenen Sammlung und damit zur Norm des christlichen Glaubens, denn das Apostolische ist das Verbindliche (Johannes 17, 20). Was daher inhaltlich nicht in der Bibel enthalten ist, d. h. was an Glaubensinhalten nicht ausdrücklich aus ihr hergeleitet wird und aus ihr selbst erschlossen werden kann, hat im authentischen urchristlichen Glauben keine Verbindlichkeit.

Wenn manchmal die Kirche als „zweiter Christus auf Erden“, als „Christus selbst“, ja als „Fülle und Ergänzung Christi“ *(Pius XII.)*[7] bezeichnet und damit zu ihrer eigenen Norm gemacht wurde, liegt

Untereinander Gemeinschaft zu haben heißt mehr, als nur miteinander zu essen. Es heiß den anderen anzunehmen, ihm zu vergeben und mit ihm Frieden zu schließen

ment. Dort ist es der Messias, der so angekündigt wird (Hesekiel 34, 23. 24). Weil er im Unterschied zu den falschen Propheten, die nur sich selbst suchen (Hesekiel 34, 4), der Herde nachgeht, sie zusammenführt, weidet, heilt und schützt und damit das Werk tut, das Gott ihm anvertraut hat (Hesekiel 34, 11–22), ist er der gute Hirte. Er kennt die Schafe, die Schafe kennen ihn (Johannes 10, 3. 4).

Wer sich der Führung Jesu anvertraut hat, weiß um den Unterschied zu allen anderen „Führern" (Johannes 10, 8); er weiß, was er am guten Hirten hat. Das Wort vom Hirten und der Herde ist daher nicht modern zu verstehen. Es geht dabei nicht um „Herdenmenschen" und „Herdenmoral"! Die Herde weiß, daß sie von der Hingabe des Hirten lebt (Johannes 10, 12. 14. 15). Darum folgt sie ihm auch vertrauensvoll und weiß sich in ihm geborgen. Die Herde setzt sich aus Juden und Heiden zusammen (Matthäus 10, 6; Johannes 10, 16). Der Hirte führt sie nicht mehr in das irdische, sondern in das himmlische Jerusalem (Galater 4, 25. 26).

Repräsentant des allgemeinen Priestertums, Baustein am Haus Gottes, Partner des Bräutigams, Glied am Leib Christi und Teil seiner Herde wird der Mensch nur durch den Glauben, durch die vertrauensvolle Übergabe seines Lebens an Jesus, der der Christus und Sohn Gottes ist (Galater 3, 26–29). So ist die Gemeinde zum ersten die „Versammlung der Herzen in einem Glauben" *(Luther)*.[9] Bevor die Gemeinde institutionell als sichtbare Sammlung Bekennender auszumachen ist, ist sie als spirituelles, persönliches Ereignis anzusprechen. Weil der Glaube im Herzen – für Menschen verborgen – allein Gott bekannt ist, so muß man dem Reformator recht geben, wenn er sagt: „Die Kirche ist verborgen, die Heiligen sind unbekannt."[10] Formal einer christlichen Konfession anzugehören bedeutet noch nicht, wirklich Glied der Gemeinde Jesu Christi zu sein, „sonst wäre ein Mensch eben im Himmelreich, als wenn man einen Klotz oder Block unter sie würfe, oder wie der Teufel unter ihnen ist".[11]

Entscheidend ist letztlich, ob jemand an Christi Person und Werk glaubt, auf das Wort hört und ihm gehorcht. Daher kann keine der verschiedenen christlichen Konfessionen behaupten, es gebe nicht auch Christen außerhalb ihres Raumes. Dies bedeutet freilich nicht, daß jede institutionelle Kirche auch die urchristliche Gemeinde in Struktur und Lehre repräsentiert. So hat Jesus zum Beispiel den

Samaritanern die Rolle, sichtbare Gemeinde Gottes zu sein, abgesprochen (Johannes 4, 22), und doch manchmal einzelnen Vertretern dieses Volkes das Zeugnis der rechten Gesinnung und Tat ausgestellt (Lukas 10, 25. 36. 37; 17, 11–19). Umgekehrt hat Jesus in seinem Erdenleben die jüdische Gemeinde als wahre sichtbare Gemeinde bestätigt (Johannes 4, 22), und doch vielen seiner Volksgenossen das Heil abgesprochen (Matthäus 23, 13. 14. 33). Eine solch sichtbare Gemeinde hat Gott zu allen Zeiten gehabt.

Die Gemeinde muß schon deswegen sichtbar sein, weil die Aufgabe der Weltmission nur gemeinsam in Angriff genommen werden kann, weil man nur gemeinsam das Herrenmahl zu feiern vermag und weil die Nachfolger durch Ermutigung und Liebe untereinander wachsen sollen. So traten bald zu den Zwölf, Siebzig und Hundertundzwanzig die Dreitausend (Apostelgeschichte 2, 41). So wuchs die Gemeinde in Jerusalem zu 5 000 Männern (Apostelgeschichte 4, 4) bzw. zu einer Menge von Männern und Frauen (Apostelgeschichte 5, 14), die „hinzugefügt wurden" und in der „Gemeinschaft blieben" (Apostelgeschichte 2, 41. 42). Bliebe die Gemeinde nur verborgene, innere Kirche, würde sie zu einer Schar zusammenhangloser Gläubiger werden, die zwar alle in einer Beziehung zu Jesus Christus stünden, aber untereinander ohne Verbindung wären. Sie würde zu einer „Kirche der Innerlichkeit" werden und damit überhaupt keine richtige Gemeinde sein. Sie wäre nur individuell wahrnehmbar und besäße keine historische Kontinuität.

Weil aber nicht alle geschichtlich gewachsenen christlichen Konfessionen mit der Urgemeinde in Geist, Struktur und Lehre eins sind, so muß geprüft werden, ob sie mit den biblischen Kennzeichen für die sichtbare Gemeinde übereinstimmen. Als solche Kennzeichen werden in Offenbarung 14, 12 geduldige Standhaftigkeit, der Glaube Christi bzw. an Christus und die Befolgung der Gebote genannt:

- *Standhaftigkeit:* Dieses Wort hat in der griechischen Sprache die Bedeutung von durchhalten und erwarten. Durchhalten muß die Gemeinde, weil sie von feindlichen Mächten – in der Offenbarung des Johannes durch Tiere versinnbildlicht (Offenbarung 13) – und Abfallbewegungen, dargestellt durch das apokalyptische Babylon (Deckname für Rom: Offenbarung 17), bedroht wird. Echte Gemeinde Jesu Christi wird verfolgt; sie selbst aber verfolgt nicht, sondern erduldet standhaft Verachtung und Zorn der Welt. Sie ist wie der Gekreuzigte. Indem sie unterliegt, siegt sie. Jesus Christus hat nie eine triumphalistische, unduldsame, verfolgende und mordende Kirche gewollt. Er wünschte weder eine Kirche, die die Mächte beherrscht und sich ihrer bedient, noch eine Kirche, die von den Mächten beherrscht und mißbraucht wird. Die Gemeinde achtet den Staat, der zum Schutz von Leben und Eigentum gestiftet ist und damit auch zum Wohl der Gemeinde (Römer 13, 1–7); sie selbst aber treibt keine Machtpolitik, sondern die Verkündigung der Gottesherrschaft. Bei aller Achtung vor der staatlichen Autorität muß sie doch im Grundsätzlichen Gott mehr gehorchen als Menschen (Apostelgeschichte 5, 29). Sie kann daher keine Staats- und Volkskirche sein, sie ist übernationale Freikirche, deren einzige „Waffe“ das Wort der Wahrheit ist. Geduld ist aber auch Erwartung und darum mit Hoffnung gekoppelt (1. Thessalonicher 1, 3). Echte Gemeinde Jesu Christi ist immer Adventgemeinde, Gemeinde auf dem Weg zu ihrem wiederkommenden Herrn. „Was ist die Aufgabe der Kirche?“ fragt der Atomphysiker und Philosoph *Carl Friedrich von Weizsäcker* und antwortet: „Wir sollen das Evangelium verkünden und auf die Wiederkunft des Herrn warten.“[12]

Darum darf sich die Gemeinde nicht im Vorletzten – Politik und Weltverbesserung – verlieren. Ihr Denken und Handeln ist vom Letzten, der kommenden Gottesherrschaft, bestimmt. Sie träumt nicht vom „Erdreich“, von der „Zivilisation der Liebe“ *(Johannes Paul II.)* und von der Einheit der Welt. Sie weiß um die Krise der Menschheit und der Welt und hofft auf das „Himmelreich“, d. h. auf die Wende durch den Herrn vom Himmel. Gemeinde, die nicht mehr die Wiederkunft Christi zum Zentrum ihrer Hoffnung hat (weil sie entweder nicht mehr daran glaubt oder diesen Glauben an die Peripherie verbannt hat), kann nicht Gemeinde Christi sein. Die „Hoffnung wider alle Hoffnung“ (Römer 4, 18) ist der Gradmesser ihrer Echtheit.

● *Glaubenstreue:* Mittelpunkt im Denken und Tun der christlichen Gemeinde ist der Glaube an Jesus, den Christus. Sie nimmt den Anspruch Jesu, Mensch zu sein und doch auch wesenhaft ganz auf die Seite Gottes zu gehören, vollkommen ernst. Jesus von Nazareth ist für sie der gekommene und wiederkommende Messias, der sich in der Auferstehung als Herr und Gott erwiesen hat (Johannes 20, 28). Dadurch unterscheidet sie sich von der jüdischen Synagoge und anderen Religionen, die Jesus höchstens als maßgebenden Menschen oder als Propheten gelten lassen wollen. Aber die Gemeinde glaubt auch wie Jesus; sie nimmt Gottes Gebote ganz ernst. Das griechische Wort für Gebot (entolḗ) kann im Deutschen mit Befehl, Gesetz, Gebot wiedergegeben werden. Es steht für das Wort Gottes im allgemeinen (1. Johannes 2, 3–5), für die Lehre der Apostel (2. Petrus 2, 21; 3, 2), aber auch für den Dekalog, die Zehn Gebote (Matthäus 19, 16–19). Die Gemeinde betrachtet sich nicht selbst als Maß (ihrer Beschlüsse und Überlieferungen), sondern leitet ihre *Struktur* und *Lehre* aus Gottes Wort ab, wie es in der Heiligen Schrift niedergelegt ist (Jesaja 8, 20).

Konzilsbeschlüssen und kirchlichen Traditionen wird nur insoweit Verbindlichkeit eingeräumt, wie sie von der Bibel als richtig ausgewiesen sind. Die neutestamentliche Lehre vom allgemeinen Priestertum und vom einzigen Heilsmittler Christus (1. Timotheus 2, 5. 6) ist unvereinbar mit dem römisch-katholischen Dogma einer hierarchisch strukturierten Kirche mit einem durch besondere Weihe herausgehobenen Priestertum, das allein Macht hat, Sünden zu vergeben.[13] Ebenso ist der neutestamentliche Aposteldienst unvereinbar mit dem Jurisdiktionsprimat[14] und der Ex-cathedra-Unfehlbarkeit des Bischofs von Rom.[15]

Auch die Strukturen der evangelischen Volkskirchen, die auf der unbiblischen Unmündigentaufe aufbauen und die biblische Mündigentaufe verwerfen[16] (siehe „Entscheidung zum Leben“), heben den Charakter der urchristlichen Glaubensgemeinde auf. Wie bei den Strukturen im Laufe der Kirchengeschichte wesentliche Veränderungen eingetreten sind, so auch bei den Inhalten des Glaubens. Die Heilige Schrift wurde überwuchert von den kirchlichen Traditionen. Das Heil allein aus dem Glauben wich einer neuen Verdienstlehre. Die neutestamentlichen Worthandlungen wurden vom instrumentalen Sakramentsdenken verformt, der biblische Sabbat in den kirchlichen Sonntag verändert, das hebräische Menschenbild vom platonischen Menschenbild mit seiner Lehre von der Unsterblichkeit der Seele, vom Fegfeuer und der Hölle verdrängt. Und an die Stelle des Reiches Gottes setzte sich die Kirche selbst. Wie man aber einen „Herren und ein Heer“ am „Heerpanier“ erkennt *(Luther),* so wird die sichtbare Gemeinde am „Glauben an Christus“ und am Gehorsam gegenüber „Gottes Geboten“ erkannt.

Gemeinde der Übrigen

Es hieße Geist und Gestalt, Leben und Lehre der Gemeinde vollkommen zu verkennen, wollte man die Kirche, so wie sie sich in den Volkskirchen darstellt, auf den Willen ihres Gründers zurückführen. Das Historische ist nicht immer das Wahre, das Wahre ist das Wort, das Gebot!

Die Gemeinde darf sich daher im wesentlichen nicht auf das geschichtlich Gewachsene berufen; sie muß ihren Geist, ihre Gestalt, ihr Leben und ihre Lehre immer durch das Wort überprüfen und, wenn nötig, korrigieren. Der Anspruch, „unfehlbar"[17] zu sein, war und ist die größte Versuchung, der die Gemeinde erliegen konnte. Das Wort von den „Pforten der Hölle", welche die Gemeinde „nicht überwältigen" werden (Matthäus 16, 18), ist keine bedingungslose Verheißung auf Irrtumslosigkeit, sondern ein Versprechen, daß die Gemeinde nicht untergehen kann. Das Gehaltensein in der Wahrheit liegt nicht darin, daß sie Gemeinde ist, sondern, daß sie nach dem Gebot des Herrn lebt. Eine solche Gemeinde hat Gott immer gehabt und wird er auch immer haben, selbst wenn der Großteil der Gemeinde abirren sollte. Dieser Gedanke liegt in der „Resttheologie" des Alten Testamentes begründet, die sich auch durch das Neue Testament hindurchzieht. Nach dem Apostel Paulus setzen die Christen die Geschichte Israels fort (1. Korinther 10, 1). Aus dem Versagen eines Teiles Israels in Lehre und Leben soll die christliche Endzeitgemeinde lernen, damit sie nicht selbst versagt (1. Korinther 10, 6–11). Damals verirrte sich die „Mehrzahl" (1. Korinther 10, 5, Grundtext) bzw. „etliche" (Verse 7–10), aber nicht alle. Gott sonderte den treuen Teil – Josua, Kaleb und die neue Generation – von den anderen ab, indem er sie in das verheißene Land führte, während die anderen in der Wüste umkamen.

In der Offenbarung des Johannes werden die Treuen der Endzeit als die „übrigen" (Offenbarung 12, 17) bezeichnet. Die treue Gemeinde erscheint dort unter dem Bild einer Frau (Vers 1), die den Messias gebiert (Verse 2. 5). Der „Drache", d. h. Satan, der Feind der Gemeinde und des Messias (Vers 9), versucht beide zu vertilgen (Verse 4. 13). Aber seine Anschläge sind vergeblich. Der Messias wird zu Gott entrückt (Vers 5), und Gott beschützt die Gemeinde in der „Wüste" (Verse 6. 14), dem Ort der wunderbaren Erhaltung des risch falsch. Der erste Tag der Woche ist der Sonntag (Lukas 24, 1), dem der Sabbat (ahdt. Sambaztag = Samstag) als siebenter Tag folgt bzw. vorausgeht (Lukas 23, 54–56). Nur so trägt der Mittwoch im Deutschen zu Recht seinen Namen.

35 Barnabasbrief 15, 9; Justin, 1. Apologie 67, 3–7

36 Synode von Laodicea (4. Jh.), can. 29; 2. Konzil von Mâcon (6. Jh.), can. 1

37 M. Luther, Großer Katechismus I, S. 38

38 J. Calvin, Inst. II, 8, 33. 34

39 Zitiert in W. Würbel, Religiöse Zeitfragen, Wien, 1948, S. 298

Wort und Antwort

1 Tertullian, Apologeticum 18

2 Augustinus, Tractatus Ev. Joh. 80, 15, 3

3 J. Calvin, Inst. IV, 14, 3. 5. 6

4 H. J. Kraus, Reich Gottes – Reich der Freiheit, Neukirchen-Vluyn, 1975, S. 388

5 K. Barth, Kirchliche Dogmatik IV/4/183

6 K. Rösch, Das Neue Testament, St. Florian, 1947, S. 382

7 L. Coenen, E. Beyreuther, H. Bietenhard (Hrsg.), Theologisches Begriffslexikon zum Neuen Testament, Wuppertal, 1986, 2:1205

8 Der große Duden (Etymologie), Mannheim, 1963, 7:702

9 L. Secrétan, Baptême des croyants ou baptême des enfants, La Chaux de Fonds, 1946, S. 22. 23

10 F. Schleiermacher, Der christliche Glaube nach den Grundsätzen der evangelischen Kirche, Gotha, 1889, 4:84. 89

11 K. Barth, Kirchliche Dogmatik IV/4, XI

12 ebd., XI–XII

13 Tertullian, Über die Taufe 18

14 K. Heussi, Kompendium der Kirchengeschichte, Tübingen, 1971, S. 72

15 Augustinus, De peccatorum meritis et remissione et de baptismo parvulorum 3, 4, 7

16 K. Barth, Kirchliche Dogmatik IV/1, 558

17 M. Luther, Kritische Gesamtausgabe (Weimarer Ausgabe) 11, 448

18 ebd., 19, 648

19 ebd., 17 II, 81

20 ebd., 87

21 ebd., 30 I, 218

22 J. Calvin, Inst. IV, 15, 10

23 ebd., 15

24 ebd., 17

25 M. Barth, Die Taufe — ein Sakrament?, Zollikon-Zürich, 1951, S. 163

26 Tertullian, Über die Taufe 18

27 M. Greschat (Hrsg.), Gestalten der Kirchengeschichte, Stuttgart, 1984, 2:146

28 K. Heussi, Kompendium der Kirchengeschichte, Tübingen, 1971, S. 108

29 Zitiert in J. C. Wenger, Die dritte Reformation, Kassel, 1963, S. 13

30 Plutarch, Pompeius 73; Herodot, Hist. 6, 19

31 Plutarch, ebd.

32 Mekilta, 2. Mose 21, 2

33 B. Talmud, Ket. 61a

34 N. Ruf, Das Recht der katholischen Kirche nach dem neuen CIC, Freiburg i. Br., 1983, S. 293

35 M. Luther, Kritische Gesamtausgabe (Weimarer Ausgabe) 52, 219

36 ebd. 52, 216ff.

37 Mennonite Encyclopedia, Scottdale, PA, 1955–1959, 2:347

38 J. A. Möhler, Symbolik, München/Regensburg, 1895, S. 306. 307

39 2. Vatikanisches Konzil, Liturgie 2. 47

40 L. von Rudloff, Kleine Laiendogmatik, Regensburg, S. 128

41 H. Denzinger/A. Schönmetzer, Enchiridion symbolorum 1753

Ereignisse bei Wiederkunft 126
Erneuerung der urchristlichen Erwartung durch Luther 110–112
Erwartung bei apostolischen Vätern und Apologeten 105
Erwartung bei Kirchenvätern 106f.
Erwartung bei Puritanern 113f.
Erwartung bei Täufern 112f.
Erwartung im Mittelalter 107–110
Erwartung im Urchristentum 101–105
Erwartung in Pietismus und Erwekkungsbewegungen 116f.
Grundwahrheit 116
Höhepunkt der Verheißungen 71, 77, 105
Inhalt der Offenbarung des Johannes 71, 76, 116
In Lutherischer Orthodoxie 114f.
Kreuz und Parusie untrennbar verbunden 123
Nah- und Fernerwartung 102f.
Nur Wiederkunft Christi bringt heile Welt 111, 120, 123, 127
Prüfstein für echtes Christentum 71, 73, 76, 101, 105, 112, 241, 245, 247
Schwärmerisches in der Wiederkunftserwartung 108, 113, 121
Umdeutung der Wiederkunftsverheißung 81, 107
Unmöglichkeit der Berechnung 74, 76, 79, 108
Verlust der Wiederkunftshoffnung ist Armut 107
Weltveränderung 72, 178
Wiederkunft ist Sieg 77, 117, 143, 228
Wiederkunft und Gericht 74, 75, 115, 123–126
Wiederkunft und Sinn der Geschichte 73, 117, 123
Wiederkunft und Stetsbereitschaft 74–75, 76, 101, 103
Wiederkunft und Treue 75f., 183
Wiederkunft und Weltmission 104f.
Wiederkunftsverzögerung (Parusieverzögerung) 81, 102, 104, 106
Zeitpunkt von Gott bestimmt 104

Wirtschaft 18

Wissenschaft
Abkehr von überkommener Wissenschaft 35
Alternative Wissenschaft 16, 17
Gefahren 14, 15
Zukunftsperspektiven 7–10, 14

Zeichen der Zeit
Doppelcharakter 83
Führen zur Umkehr 83
Für die Gläubigen 78, 111
Für die Welt 78, 111
„Fußspuren des Messias" 78
Geben Trost 79, 84, 111f.
Hungersnot 88–90
Im Alten Testament 79
Keine Berechnung der Wiederkunft 79
Kriege und Unruhen 84–86
Machen Krise der Welt manifest 133
Naturkatastrophen 86–88
Nur durch Glauben erkannt 111f.
Stärken Glauben an Wiederkunft 79, 82, 102, 111
Steigerung 82f., 111
Unglaube und Sittenverfall 90–93
Verfolgungen 93–95
„Wehen des Messias" 79
Weltmission 95–100
Zeichen der Hoffnung 84
Zeichen der Zeit und die Wiederkunft Christi 79

Zorn (Gottes) 76f., 111

Zukunft
Ambivalenz der Erwartung 12, 13
Denkweise des Neuen Testaments 72
Zukunft beginnt mit Umkehr 140
Zukunft und Christentum 146
Zukunft und Reich Gottes 70
Zukunft und Schöpfer 72, 73

Zwei-Reiche-Lehre
Altes Testament 56
Bei Luther 50, 56
Christentum 56

START INS LEBEN

Start ins Leben ist ein Buch über die Bibel. Es möchte den Einstieg in die Bibel erleichtern, einen neuen Zugang schaffen. Das kostet Arbeit, und folgerichtig handelt es sich hier nicht um ein Andachts-, sondern in erster Linie um ein Studienbuch. Es zeigt: Die Bibel ist kein „alter Hut", sondern ein aktueller Wegweiser für Leute von heute, eine Brükke zum Leben für Menschen, die auf der Suche nach dessen Sinn sind.

je Band 128 Seiten,
56 vierfarbige Abbildungen,
Paperback,
14,8 × 21 cm

Band I
Best.-Nr. 574, DM 14,80

Band II
Best.-Nr. 661, DM 14,80